CÓRRER PER SER FELIÇ

42 MOTIUS I 195 RAONS PER SER MARATONIÀ

Arcadi Alibés

CÓRRER PER SER FELIÇ

42 MOTIUS I 195 RAONS PER SER MARATONIÀ

ara
LLIBRES

Primera edició: març de 2010

© d'aquesta edició:
Ara Llibres, S.C.C.L.
Corders, 22-28
08911 Badalona
Tel. 93 389 94 70
www.ara.cat

GrupCultura03

Disseny de coberta: Emma Camacho Finestres / Endoradisseny
Fotografia de coberta: Marc Vila

Fotocomposició: Fotoletra, S.A.

Impressió: Gramagraf, sccl

ISBN: 978-84-92907-54-0
DIPÒSIT LEGAL: B-4.115-2010

ÍNDEX

Preàmbul: el nen que corria 11

Primera part: per què correm? 15

Segona part: una vida per la marató 27
  El descobriment de les curses 29
  Neix un maratonià 33
  Això va de debò 41
  Baixar de tres hores 45
  La «marquitis» 51
  Un rodamón de les maratons 59
  Els 7 continents i altres reptes 65
  El projecte olímpic 83
  Camí de les 100 maratons 103

Tercera part: els consells d'un maratonià centenari 111
  Començar a córrer 113
  Els secrets de l'entrenament 117

Les lesions, el gran enemic 137
Com vèncer la marató 149
Córrer tota la vida 161

Apèndix 165
Les meves 99 primeres maratons 167
Estadístiques i curiositats maratonianes 170
Les maratons olímpiques 172
Millors marques de cada temporada 173
Camí de les 500 curses 174

Per a la Dolors, l'autèntica escriptora de la família,
que per molt poquet no haurà pogut llegir el primer,
i potser l'únic, llibre del seu germà.

Una marató és una cursa de 12 quilòmetres
a partir del quilòmetre 30.

Proverbi maratonià

PREÀMBUL

EL NEN QUE CORRIA

Juliol del 1971. Al carrer Vell de l'Ametlla de Merola uns nens aprofiten l'hora més fresca del vespre per córrer pel carrer i jugar a futbol amb una pilota de goma. Les de cuir són massa cares. El Barça de Vic Buckingham ha guanyat fa només uns dies la final de Copa contra el València de Di Stéfano per 4 a 3 a la pròrroga. Per aquells nens és la primera experiència d'un Barça campió... Però no tot és futbol. El Ton, un xicot més gran que els altres, organitza un joc que a tots els sembla un xic bèstia: fer voltes al carrer Vell fins que el cos digui prou. Quan només quedi un nen corrent, aquest serà el guanyador. El Joan Sabata i l'Arcadi, més petits, fan cas del Ton, que fa una estona els ha explicat la caiguda de Luis Ocaña al Coll de Mente, que li ha fet perdre un Tour que tenia guanyat. Són els únics que accepten el repte i comencen a fer voltes al carrer. Els altres nens s'ho miren i el Ton ho controla tot.

Al cap d'uns minuts, la Pilar, la mare del Joan, treu el cap per la finestra i pregunta: «Que us heu tornat bojos? Pareu de córrer ara mateix, que us cansareu!».

El Joan ha de fer cas a la seva mare i s'atura. L'Arcadi continua, mirant de reüll quan passa per davant de casa seva, el número 12 del carrer Vell, perquè ni el Paulí ni l'Enriqueta s'adonin que ja fa potser 20 minuts que corre sense parar. A l'altra banda del carrer, el Ton li diu a l'Arcadi que ja pot parar, que ha guanyat la prova.

L'Arcadi no sap que, molts anys més tard, córrer formarà part de la seva vida, i que 20 minuts no seran més que un petit escalfament. Tampoc no sap que mai més serà el guanyador de cap prova, però que serà feliç, molt feliç, cada vegada que completarà una marató, encara que tingui més de 20.000 corredors davant seu.

Sense saber-ho, aquell juliol del 71, havia nascut un corredor de fons.

PRIMERA PART

PER QUÈ CORREM?

Plou. Estic xop com un ànec mentre corro per la carretera de les Aigües, mirant d'esquivar els bassals. De tant en tant em creuo amb algun company i ens saludem amb un somriure de complicitat. Ell m'entén. Ell no es pregunta «què fa aquest boig?», perquè és un dels meus. És un de tants milers i milers de corredors del món que corren perquè hi troben alguna cosa especial, un punt de felicitat impossible d'entendre per als qui no són d'aquest món.

Per què correm? Per què desafiem el temps i sortim de la comoditat de les nostres cases per anar a fer quilòmetres i complir un pla d'entrenament al qual no ens obliga ningú? Què hi trobem, en córrer? Aquesta és la pregunta que tantes i tantes vegades ens han fet per tot arreu els qui no corren, els companys de feina, els amics, fins i tot la família. Una pregunta difícil de contestar perquè porta incorporada tota una filosofia de vida, una filosofia que només entenem els qui correm.

Fa uns anys, un fòrum d'internet va fer com una mena de concurs d'idees i va demanar als corredors que intentessin expressar en paraules els seus sentiments. Van sortir respostes de tots colors. Moltes de previsibles, unes quantes de divertides i fins i tot algunes de brillants. Aquestes són unes quantes de les raons per córrer posades sobre el paper per corredors de fons anònims, que van intentar explicar els motius que els impulsen a córrer:

Perquè m'agrada. Perquè em proporciona bones sensacions. Perquè millora la salut, el benestar físic i el psíquic. Perquè neteja les artèries i els pulmons. Perquè t'ajuda a deixar de fumar. Perquè tonifica els músculs, enforteix els ossos i reforça els cartílags. Perquè aclareix la ment i les idees. Perquè estilitza el cos. Perquè incrementa la resistència i les defenses. Perquè augmenta la capacitat respiratòria. Perquè t'ajuda a perdre pes racionalment. Perquè incrementa el volum del cor i redueix la pressió arterial. Perquè millora l'eficàcia en el treball diari. Perquè augmenta l'optimisme. Perquè cada vegada que m'entreno entro en contacte amb la natura. Perquè m'oblido dels problemes mentre corro. Perquè em permet conèixer nous amics. Perquè em fa sentir més jove. Perquè puc menjar més de tot. Perquè arribo a casa més relaxat. Perquè em fa sentir lliure. Perquè és l'únic temps que em dedico exclusivament a mi. Perquè gairebé tota la gent que envolta el món de les curses és gent sana, de cor. Perquè, a diferència dels altres esports, aquí no hi ha només un guanyador. Perquè som l'enveja dels sedentaris. Perquè sempre guanyem. Perquè ens ajuda a reconèixer que mentalment som més forts que no ens pensàvem. Perquè millora i allarga la vida sexual. Perquè manté viva l'esperança. Perquè dóna una sensació de llibertat plena. Perquè ens permet demostrar l'amor cap a la maquinària que és el nostre cos i que tant maltracten els sedentaris. Perquè corrent estimem la tolerància, el respecte, la comprensió, la llibertat, la justícia. Perquè ens permet descobrir l'animal que portem dins. Perquè així donem exemple als notres fills. Perquè quan corres t'adones que molts problemes són menys greus que no et pensaves. Perquè als 40 anys estàs millor que als 20. Perquè als 50 estàs millor que als 40. Perquè pots continuar desenvolupant l'amor a la vida. Perquè et fa ser més bona persona. Perquè quan tornes de córrer tens més coses que quan has sortit: cansament, alegria, suor... Perquè quan tornes tens menys coses que abans: pes, líquids, toxines... Perquè em surt de les cames. Perquè pots continuar bevent cerveses amb els companys. Per menjar de tot sense engreixar-te. Perquè continua sent la il·lusió de cada dia. Perquè som un estalvi per a la Seguretat Social. Perquè aquesta addicció ni mata ni engreixa. Perquè ens puja la bilirubina. Perquè la meva dona m'ho agraeix cada dia...

Totes aquestes respostes es podrien resumir en una: el corredor de fons popular corre perquè hi troba un punt de llibertat i felicitat, que l'ajuda en la seva vida personal, en el seu dia a dia, que inclou tota una colla d'ocupacions i preocupacions particulars, familiars, laborals, socials...

Correm perquè ens agrada. I punt. El que agrada contribueix a augmentar la nostra sensació de felicitat.

I el més important és que córrer no té fronteres perquè és un fenomen universal. En qualsevol racó de món es pot veure gent corrent pels carrers o parcs, més ràpidament o més lentament, amb equipament més sofisticat o més rudimentari.

No sabria dir quin tant per cent d'aquests corredors anònims, coneguts com a corredors populars perquè no es dediquen professionalment a l'atletisme, compagina la seva cursa diària amb la participació en curses organitzades. Suposo que depèn dels llocs, però crec que aquest tant per cent és molt elevat.

De mica en mica, el corredor descobreix el món de les curses i s'hi va ficant, i això li dóna una motivació per anar progressant en els entrenaments.

Evidentment, hi ha gent que només corre per estar bé, i que no té cap interès en les curses de fons, però en tots aquests anys de córrer per tot el món he pogut comprovar que aquestes ganes de posar-se un dorsal al pit i un xip al peu i participar en curses de diferents distàncies és un fenomen universal i cada vegada més estès.

Com s'arriba a aquest punt? Quines són les etapes del corredor de fons? Lògicament, no hi ha un sol camí ni un model únic, però, per generalitzar una mica, es podria dir que s'arriba al món de les curses per dues vies. La més minoritària és la que ve de l'atletisme de base, és a dir, gent jove que ha acabat la seva activitat atlètica a la pista i al cros i que desembarca a les curses de fons en ruta. La més majoritària és la via de l'esport de lleure. Gent més madura, que potser havia fet diversos esports de jove, i que de cop s'adona que ha de fer alguna cosa perquè el seu físic li comença a passar factura. Cal combatre el sedentarisme i aleshores descobreix que l'esport més senzill i econòmic és calçar-se unes sabatilles i començar a córrer. Aquest fenomen, cada vegada més estès a tot arreu, explicaria l'augment de la mitjana d'edat dels participants en les curses de fons i, també, la baixada de nivell de les marques.

El nou corredor comença *rodant* una mica pel seu compte, però, normalment, aviat entra en contacte amb corredors més experimentats. Tothom té un company de feina, un amic o un familiar que corre, i de seguida es comencen a demanar consells. D'aquí a la primera cursa no hi acostuma a haver gaire tros. El calendari és tan ampli i variat que avui dia no és cap problema posar-se el primer dorsal i «tastar» l'ambient de la cursa.

Un cop acabada la primera cursa, podríem dir que el

verí, el bon verí, ja ha entrat a la sang del nou corredor. Aquí s'entra en la fase en què, com un nen petit, l'atleta novell intenta acumular com una esponja tots els coneixements possibles. Vol millorar la primera marca i necessita saber els secrets de l'entrenament. Investiga, llegeix, pregunta, escolta..., tot per córrer més distància i amb més rapidesa. Normalment, en aquests primers temps de corredor, la millora és fàcil i, per això, la moral puja i a vegades es progressa a massa velocitat. Arriben els reptes del rellotge: baixar de l'hora en els 10 quilòmetres, baixar dels 50 minuts, acabar una cursa més llarga i, per què no, aviat una mitja marató... i l'any que ve la marató!

Sense saber com, s'ha entrat en l'etapa que jo anomeno de «marquitis». L'obsessió per la millora dels temps en les curses arriba a ser tan gran que moltes vegades el corredor oblida que aquesta no és la seva feina, i que fa això per tenir una distracció i prou. Els plans d'entrenament són cada vegada més sofisticats, professionals gairebé, i córrer es converteix en un aspecte fonamental de la vida del nou corredor. *Fer marca* és el gran repte.

En aquesta fase, i com a conseqüència d'aquest excés de *professionalització*, acostuma a aparèixer barrejada l'etapa de la «depre» i les primeres lesions. El cos, potser no prou preparat per un canvi tan brusc, es queixa, i arriba un punt que es trenca o, senzillament, no pot córrer més de pressa.

Aquí és on intervé el «coco» de cada corredor. La majoria assimila el que està passant, toca de peus a terra i arriba aviat a la fase de la maduresa atlètica, aquella que et permet encara anar millorant moderadament les marques, però sabent que la temporada s'ha de planificar amb seny i que cal donar al cos els descansos necessaris.

En aquesta etapa, normalment ja etapa maratoniana del corredor, molts descobreixen el plaer de compaginar aquest esport amb els viatges, i es comencen a descobrir les maratons internacionals. La marca comença a quedar en un segon pla, fins que, amb el pas dels anys, quan el corredor pren consciència que ja no tornarà a acostar-se a les seves millors marques, s'entra en la fase més divertida del món de les curses, la fase en què el plaer és poder anar acumulant curses sense lesionar-se, gaudint de l'amistat i la companyonia dels altres corredors. Aquesta etapa, si es fan les coses amb seny, pot durar tota la vida.

Lamentablement, alguns corredors no assimilen aquest *canvi de xip*, i quan veuen que ja no s'acosten a les marques que feien abans, decideixen retirar-se i abandonar el món de les curses. És una postura errònia, una mena de negació del pas del temps, i que normalment porta a un estat mig depressiu. Afortunadament, alguns tornen a les curses al cap d'un temps, un cop assumida la realitat.

Els qui ho tenen més difícil per continuar corrent en

aquesta fase són els atletes d'un cert nivell, ja que és complicat assumir que ara no passes de ser «un de tants». Hi ha grans excepcions, com per exemple Domingo Catalán, un home que va ser el millor del món en els 100 km, un dels pioners de la marató a Catalunya i primer guanyador de la Cursa d'El Corte Inglés. Ara no li cauen els anells si ha de fer una marató en més de 4 hores...

La particularitat d'aquest esport nostre és que és l'únic que permet la convivència total entre els esportistes d'elit i els simples aficionats. A ningú li passa pel cap que podrà jugar un dia a la primera divisió del futbol, ni que participarà en una cursa de cotxes juntament amb Fernando Alonso. En canvi, tots hem disputat curses al costat dels millors fondistes del món, inclosos Haile Gebrselassie i Sammy Wanjiru, plusmarquistes mundials de marató i mitja marató, respectivament, que han vingut més d'una vegada a la Mitja de Granollers. Evidentment, els anomenats *corredors populars* no competim contra ells (ja ens agradaria, ja...), però prenem part en la mateixa cursa, portem un dorsal idèntic i sortim en la mateixa classificació... uns quants centenars o milers de llocs més enrere! Això no passa en cap més esport.

Gràcies a la meva feina periodística fins i tot he tingut l'honor de rodar uns metres amb Gebrselassie, Wanjiru, Baldini, o altres figures més antigues com Alberto Salazar, a banda de grans corredors de casa, com Cortés Huete, Ríos, Benito Ojeda...

Potser alguns corredors populars no donen cap importància al fet de compartir cursa amb l'elit, sobretot quan es troben en l'etapa de la «marquitis». En aquesta fase, el corredor és el centre de l'univers. Només li interessa la seva marca personal, i ni tan sols mira la llista d'inscrits per saber quines figures participen en la cursa.

D'altres estan més pendents dels seus *rivals* de categoria. Són els que mantenen un cert nivell i lluiten per les classificacions dels diversos grups d'edat, sense importar-los què passa en les primeres posicions.

A la majoria dels corredors populars, però, sí que els interessa saber els guanyadors de la cursa, encara que potser no tant com el temps que han fet els seus coneguts, la gent del seu entorn. El final d'una cursa és una mena de *mercat de Calaf*, en què tothom explica com li ha anat, i pregunta als altres quin temps han fet. Números, ritmes, parcials, dades incomprensibles per als qui no són del nostre món, aquells coneguts que pregunten «com has quedat?» en lloc de «quin temps has fet?», o si has corregut alguna vegada «la marató d'El Corte Inglés»...

Com en tots els col·lectius, el corredor popular tendeix a fer el seu propi grup, bé sigui integrant-se en algun club o simplement ajuntant-se amb la colla de coneguts. Avui dia, gràcies a internet, els grups són cada vegada més nombrosos. L'exemple més clar és el col·lectiu sortit de *Corredors.cat*, una pàgina web que integra cada vegada més corredors, que durant la setmana van *escalfant motors* per a la cursa del diumenge, i després comenten en el *fil* corresponent les sensacions que han tingut durant la prova. El color *pastanaga* que porten la majoria d'aquests corredors facilita la identificació dels companys durant les curses, alhora que augmenta la sensació de pertinença al grup.

Tot plegat ajuda a reforçar el convenciment que els corredors som gent especial. Ens uneix la passió per un esport, l'esport més bàsic, córrer. Tots tenim la nostra feina, la nostra vida personal, altres aficions, obligacions, però quan ens trobem entrenant o corrent curses, sabem que som «de la colla». Podem parlar obertament de marques, de lesions, de curses, de sabatilles... No ens cal pensar una justificació per explicar per què correm. Tots ho sabem. Correm perquè això ens fa lliures. I més feliços.

SEGONA PART

UNA VIDA PER LA MARATÓ

EL DESCOBRIMENT DE LES CURSES

Durant els anys 70, córrer no era una activitat habitual a Catalunya. Només ho feien els nens i els que es dedicaven a l'atletisme. Les curses populars de fons, tan habituals en els nostres dies, no existien.

El «boom» de córrer com a activitat de lleure va començar als Estats Units, sobretot arran de la victòria de Frank Shorter a la marató olímpica dels Jocs de Munic 72. Allà va començar tot.

La tornada a casa de Ramon Oliu, un català establert des de feia anys als Estats Units, va portar l'atletisme de fons a Catalunya. Va fundar la *Comissió Marathon Catalunya* i va promoure les curses de fons. Cantonigròs i Ripoll van ser els pobles pioners, i el 1978 es va fer ja una minoritària primera edició de la Marató de Catalunya a Palafrugell.

A Barcelona, les curses d'El Corte Inglés i de la Mercè van venir a fer companyia a la Jean Bouin, l'única activitat atlètica fora de les pistes amb caire popular que existia a la ciutat.

Aquestes van ser les meves primeres curses. Acabat d'arribar de l'Ametlla de Merola a Barcelona, on compaginava els estudis amb els meus primers passos en el periodisme esportiu, em vaig posar els primers dorsals, ignorant encara que, amb el pas del temps, aquesta seria una activitat que marcaria la meva vida personal.

Treballava al diari *Sport* quan, el gener del 1980, va començar l'enrenou per l'organització de la primera marató popular a Barcelona. Ramon Oliu havia convençut les autoritats municipals per portar la seva Marató de Catalunya a la ciutat, després de dues edicions a Palafrugell.

S'acostava el mes de març i, de tant escriure sobre la primera marató a les pàgines de l'*Sport*, se'm va despertar la il·lusió de participar-hi. Tenia 20 anys i mai no havia corregut més de 15 quilòmetres, cosa que només havia fet una vegada en una de les pioneres curses barcelonines, em sembla que de la Mercè, si bé només recordo que acabava pujant per la Rambla fins a la plaça de Catalunya.

Conscient que era una temeritat apuntar-me a aquella primera marató, vaig descartar ràpidament la idea, però l'última setmana, l'exjugador del Barça Josep Maria Fusté, que aleshores col·laborava amb nosaltres al diari *Sport*, em va acabar enredant...

Sí. Poca gent ho sap, però vaig ser a la sortida de la primera marató que es va fer a Barcelona, el març del 1980. Amb unes sabatilles d'esport, que no pas d'atletisme, que m'havia deixat el meu company José Luis Carazo, i al costat de Josep Maria Fusté, que havia fet un dels gols del Barça a la final de Copa del 71, mentre jo corria pels carrers de l'Ametlla de Merola, vaig ser un dels pioners de la Marató de Barcelona.

Evidentment, no la vaig acabar. Ni jo, ni Josep Maria Fusté, ni molts altres corredors que també s'havien apuntat a la marató sense la mínima preparació, pensant que era una cursa popular més, però una mica més llarga. Una samarreta de color verd, que encara conservo, i una foto de la sortida que em va fer un fotògraf del diari són els únics records que m'han quedat d'una primera experiència que em va permetre descobrir que una marató era una cosa molt seriosa. Vaig decidir que, en el futur, un dia faria una marató, però que abans d'afrontar-la em prepararia molt.

En aquells començaments dels anys 80, la feina era per a mi la prioritat absoluta. Havia tingut la sort de començar a treballar en el que sempre havia somiat i tota la resta va passar a un segon pla. Fins i tot la Facultat va quedar aparcada, tot i que de mica en mica em vaig anar traient la carrera.

Córrer també va quedar en un pla secundari, tot i que em continuava apuntant a alguna cursa barcelonina i mantenia la idea de fer una marató. Cada any, quan a les pàgines de l'*Sport* escrivíem sobre la Marató de Nova York em queia la bava i em permetia somiar despert...

Fins que va arribar el 1983. Vaig entrar a treballar a Catalunya Ràdio sense deixar el diari, i això encara em deixava menys temps per córrer. Aleshores em vaig adonar que no podria fer coincidir les vacances de les dues feines i que aquell estiu no podria anar enlloc. Allò em va donar una idea. Em donaria un premi i compensaria l'absència de vacances d'estiu amb una setmana a la tardor per fer... la Marató de Nova York!

NEIX UN MARATONIÀ

El meu company i amic Xavier Dalmases, amb qui compartíem la informació de ciclisme, ell al *Mundo Deportivo* i jo a l'*Sport*, em va fer descobrir la carretera de les Aigües, que amb el temps es convertiria en l'escenari principal dels meus entrenaments.

Jo pujava amb el meu Seat 600 des de l'Eixample fins a Sarrià, recollia el Xavi davant de la pastisseria Foix i continuàvem per la carretera de Vallvidrera fins a les Aigües. Corríem 10 km i baixàvem a dutxar-nos a casa seva, on després recuperàvem forces amb un got de llet amb grosella. Sempre recordaré aquell color rosat i el gust de maduixa d'aquell insòlit, per a mi, beuratge.

Amb aquestes sessions de 10 km, i una única tiradeta d'un parell d'hores durant la Volta a Catalunya d'aquell any 1983, em vaig presentar a l'aeroport del Prat per començar una autèntica aventura. La sortida de l'expedició de la *Comissió Marathon Catalunya* cap a Nova York era una veritable festa. Amb en Ramon Oliu al capdavant, i un equip que competia oficialment per Catalunya a la classificació per països, un centenar de corredors populars formàvem part de l'expedició. A la maleta hi portàvem una samarreta quadribarrada, patrocinada per *El Periódico*, per lluir durant la marató.

Alfons Abellán, Rafa Garcia, Rafa Nogueras i Joaquima Casas eren les figures de l'equip català, que uns anys abans havia pujat al podi de la marató més important del món amb Domingo Catalán, José Pro i Fernando Francisco. Recordo que li vaig fer una entrevista a la Quima Casas per Catalunya Ràdio i li vaig preguntar com havia començat a córrer. La seva resposta em va impactar: «Per poder menjar més de tot». Aquesta filosofia m'ha acompanyat tota la vida.

Aquell viatge va arribar en un moment important per a mi. Al marge d'afrontar per primera vegada una marató amb una mínima garantia, després de la bogeria de Barcelona 80, també era el final d'una etapa professional de 4 anys al diari *Sport*, els primers 4 anys de la seva existència. En tornar de Nova York m'havia d'incorporar a *El Noticiero Universal*, fet que em donaria una millor qualitat de vida perquè em permetria compaginar millor els horaris amb Catalunya Ràdio. Curiosament, el meu company d'habitació a l'hotel Pennsylvania de Nova York va ser Antonio Hernández Filloy, el primer director del diari *Sport*, que no corria la marató però aprofitava el viatge de la *Comissió Marathon Catalunya*.

Un altre periodista del grup era Joan Patsy, que aleshores treballava a *El Periódico*. En aquella època era un maratonià que fregava les tres hores, però, curiosament, aquella va ser la seva última marató... fins que va reaparèixer circumstancialment a Barcelona el 2007 per acompanyar el seu germà Víctor en el seu debut.

El dia abans de la marató vam anar tots plegats a córrer la Cursa de l'Esmorzar, reservada als participants estrangers. Va ser una experiència única. Vam portar la senyera a l'ONU, tot i que, desgraciadament, Catalunya no va ser cridada a l'hora d'anomenar els països. En qualsevol cas, vam fer els 5 quilòmetres fins a Central Park passant-nos la bandera els uns als altres, i vam tenir la sort que l'endemà va sortir una foto a la portada del *New York Times* o del *New York Post*, no ho recordo bé, en què es veia perfectament la bandera catalana pràcticament a la primera fila dels corredors que pujaven per la Sisena Avinguda cap a Central Park.

I va arribar, per fi, l'hora de la marató. Feia un dia plujós. Recordo perfectament la barreja d'il·lusió i nervis del debutant: la matinada inhumana, el trajecte cap a Staten Island, la llarga espera refugiats a les tendes per no mullar-nos, la fotografia que ens vam fer plegats amb la samarreta quadribarrada, el comiat emocionat de tots abans d'anar-nos a col·locar a la sortida... Tot són flaixos que tinc al cervell, tot i que han passat ja més de 25 anys des d'aquell 23 d'octubre del 1983.

Com a debutant, em corresponia el darrere de tot de la sortida vermella. Recordo que hi havia dos nois més que havien de venir amb mi, però ens vam perdre. Em vaig posar gairebé al final, però vaig sentir perfectament l'himne dels Estats Units i l'impressionant tret de sortida del canó. Continuava plovent. De mica en mica ens vam començar a moure. En aquella època no hi havia xip de control i, per tant, el temps que perdies a la sortida no te'l compensava ningú. Però m'era igual. Jo només volia acabar. En el fons, no ho tenia gens clar. Amb sessions de 10 quilòmetres i una única tiradeta d'una vintena, la garantia era mínima. Però en els moments d'optimisme pensava que no tan sols acabaria la marató sinó que ho podia fer fins i tot per sota de les 4 hores...

Vaig creuar el Pont de Verrazano per primera vegada a la meva vida i vaig entrar al barri de Brooklyn. Em faltaven ulls. Allò era una festa que superava les expectatives. Per més que m'ho haguessin explicat, impressionava de veritat. No cal dir que el cansament no apareixia. No recordo exactament el ritme que portava perquè no conservo cap anotació de temps de pas. Només sé que vaig passar la mitja en menys de dues hores i molt content, perquè la cosa funcionava i, de moment, el mur no apareixia.

Però va passar el que havia de passar. La Primera Avinguda va marcar la primera gran «pájara» de la meva vida. El meu cos no sabia què hi havia, més enllà de les dues hores corrent. El ritme va baixar estrepitosament. Recordo que la meva obsessió era no aturar-me..., perquè no sabia si després podria engegar. Vaig començar a trobar gent que caminava, però jo no ho volia fer. Continuava plovent. Vaig arribar al Bronx i vaig tornar a entrar a Manhattan per afrontar el tram final. A Harlem em va saludar un basc, que devia estar molt atent a les samarretes catalanes que anaven passant. No sé si vaig ser l'últim o el penúltim de l'expedició de *Marathon Catalunya*, però no crec que ningú em guanyés en il·lusió a l'hora de creuar la línia d'arribada del Central Park. El rellotge va marcar 4 hores i 22 minuts, tot i que, si hi hagués hagut xip, crec que el meu temps real hauria estat al voltant de les 4 hores i 15 minuts. Amb el pas dels anys he valorat molt aquella marca, si tenim en compte l'escàs bagatge d'entrenament que portava. Però era jove...

Com tres anys abans a Barcelona, em vaig prometre a mi mateix que no tornaria a presentar-me a la sortida d'una marató sense preparar-la bé. M'havia quedat ben clar que aquesta prova no perdona els agosarats. A més, vaig tenir l'oportunitat de conversar amb els maratonians experimentats que ens acompanyaven... i vaig sentir a parlar per primera vegada de sèries, fartleks i tirades llargues!

L'endemà no em podia ni moure. Vam fer una excursió en autocar a Washington i quan vaig veure que en Rafa

Nogueras, un dels membres de l'equip català oficial, també tenia problemes per baixar l'escala de l'autocar, em va tornar la moral. Recordo que vaig pensar: «Els bons estan tan cascats com jo!»

Vaig tornar a casa molt il·lusionat. Ja era maratonià. Ara només faltava trobar temps per entrenar de veritat.

La següent experiència va ser a Londres 85, on només vaig millorar uns minutets el registre de Nova York. Vaig decidir per tercera vegada en la meva vida que no em dedicaria a córrer maratons si no les podia preparar en condicions. Aquella marató la vaig fer perquè ja havia entrat a treballar a TV3 i havia deixat la ràdio i el diari. Pensava que sense el «pluriempleo» disposaria de molt més temps per entrenar. La vaig preparar amb l'Eugeni Aroza, company de Catalunya Ràdio, corrent als matins per la Diagonal. La marató em va tornar a posar en el meu lloc.

Aquell mateix 1985 vaig tornar a Nova York per transmetre en directe la marató, ja que TV3 n'havia comprat els drets. Vaig fer el viatge amb dues persones que lamentablement ja no són entre nosaltres, el gran amic Jaume Massó, primer cap d'Esports de TV3, i l'Armand Carabén, l'antic gerent del Barça, que va fitxar Johan Cruyff el 1973, i que en aquella època era assessor del departament d'Esports. Tots dos anaven a Nova York per negociar drets d'altres esdeveniments. El dissabte a la tarda vam anar al Madison Square

Garden. Començava la temporada de l'NBA i vam tenir la sort de veure el debut de Patt Ewing, que donava el salt a la millor lliga del món, després que l'any anterior hagués estat l'estrella de l'equip als Jocs Olímpics de Los Angeles. Cal recordar que en aquella època els jugadors de l'NBA encara no podien ser olímpics, i que l'equip dels Estats Units als Jocs el formaven jugadors universitaris.

Em va tocar fer la transmissió de la marató tancat dins una cabina en una oficina de Manhattan, lluny de Central Park. Va ser una cosa molt freda, però em va tornar a despertar el cuc de la marató i per quarta vegada, i ara definitiva, vaig decidir que trauria temps d'on fos per preparar una marató a consciència.

No va ser encara el 1986, tot i que aquell any vaig ser a la sortida de la marató de Barcelona per acompanyar el meu amic Josep Torres, de l'Ametlla de Merola, durant la primera mitja. Tenia previst agafar un taxi en el km 21, per arribar al parc de la Ciutadella a temps per veure arribar els primers i fer les entrevistes per TV3.

Una mica més i no ho aconsegueixo. Lluny de fer de *llebre* al Josep Torres, el vaig haver d'animar que marxés sol, perquè anava molt més bé ell que no pas jo. Em vaig proposar d'arribar al punt de la mitja com tenia previst i, si podia, fer-ho en menys de dues hores, ja que d'altra manera potser no arribaria a temps per fer la feina a l'arribada. Vaig fer les dues hores justes i vaig buscar ràpidament un taxi, que em va portar a la Ciutadella just a temps per veure l'arribada del segon classificat, Joan Antoni Balsera. Els vaig fer l'entrevista a ell i a la Quima Casas, que continuava incombustible, guanyant any rere any.

El cas és que per segona vegada havia pres la sortida a la marató de Barcelona però encara no havia pogut experimentar el plaer d'acabar-la. Ara sí que ho tenia clar: ho faria l'any vinent.

AIXÒ VA DE DEBÒ

Tot i que ja tenia dues maratons acabades i unes quantes curses a les cames, sempre he considerat que la meva autèntica carrera com a maratonià arrenca a finals del 86, quan amb una colla de companys de l'Ametlla de Merola vam començar a preparar la marató de Barcelona del 87.

Per primer cop vaig seguir un pla d'entrenament, i per fi els quilometratges van ser els que se suposa que fan falta per poder afrontar sense problemes les maratons. El Josep Torres, el Gea, el «Menotti», el Joan Lluís, l'Emili, el Vicenç... A l'Ametlla es va crear un ambient d'entusiastes corredors, quan podíem entrenàvem junts i la cosa començava a funcionar.

Aquell març del 87 vam ser uns quants els ametllans que ens vam situar a la línia de sortida per disputar la marató, que les autoritats municipals havien decidit portar fins a la Zona Franca, per no fer nosa als automobilistes. Amb el Torres i el Gea vam córrer junts gairebé tota la marató. Cap al final vam sobrepassar Pere Barthe, col·lega meu de Televisió Espanyola, que havia sortit amb la intenció de baixar de 3:30. Era també la nostra idea, però ho dèiem amb la boca petita. De fet, jo només tenia dues maratons acabades, i totes dues per sobre de les quatre hores...

En els quilòmetres finals vaig començar a tenir doloroses rampes als bessons. El Torres se'n va anar i el Gea, que també anava tocadet, es va quedar amb mi. Vam creuar la línia d'arribada al Parc de la Ciutadella en 3 hores i 26 minuts. Havia baixat gairebé 50 minuts! Ara sí que em sentia maratonià!

A partir d'aquí, va ser un no parar. Aquell 1987 vaig fer tres maratons més, sempre millorant la marca, i vaig començar a programar-me les vacances en funció de les maratons, cosa que des d'aleshores ha estat una constant en la meva vida. Vaig fer la de Hèlsinki a l'estiu, i a la tardor vaig tornar a Nova York.

Aquella va ser una marató molt especial, perquè en aquell viatge vaig conèixer el Joan i la Joana, de Sallent, i el Carlez, de Barcelona. Va ser l'inici d'una amistat per tota la vida.

El Joan em va enredar per anar a la marató de Calvià, a Mallorca, aquell mateix desembre. A mi em semblava una exageració fer maratons tan seguides, però la il·lusió va poder més que el seny. Ell volia baixar de tres hores i jo el vaig acompanyar fins que em vaig estavellar contra el mur, per haver anat per sobre de les meves possibilitats. D'aquella marató en va néixer una frase que encara recordem: «anem massa follats...». El Joan va baixar de 3 hores i jo vaig acabar en 3 hores i un minut. Havia començat el 1987 tenint una marca de 4:15 i l'acabava amb una de 3:01!

Era evident que ara això anava de debò. Les marques es convertirien, a partir d'aquell moment, en una obsessió. Començava la meva etapa de «marquitis», tan habitual en la carrera maratoniana dels corredors populars. I, lògicament, franquejar la màgica barrera de les tres hores es presentava com el gran objectiu.

BAIXAR DE TRES HORES

No cal dir que el gran repte de l'any 1988 era trencar la barrera de les tres hores. Aquesta ha estat històricament l'obsessió de milers de maratonians populars a tot el món. És una barrera màgica, que marca una mica el límit entre els corredors de maratons. Si es mira fredament, no hauria de ser així. Quina diferència hi ha entre fer una marató en 179 minuts o fer-la en 180? No és la mateixa que hi pot haver entre fer-la en 183 o en 184? Sí, la diferència és d'un minut..., però no és el mateix. Fer encara que sigui 2:59:59 significa passar a l'altra banda, a la banda dels «bons». Vol dir que tens el mateix dígit inicial que el rècord del món! Pot semblar una ximpleria, perquè continues sent un «matat», però la il·lusió de baixar de les tres hores no es pot comparar amb cap altra fita per al maratonià popular.

Amb el Joan i amb el Carlez vam planificar la temporada i vam decidir que correríem a París, el 15 de maig. La ciutat de l'Arc de Triomf seria l'escenari ideal per baixar de les tres hores, fita que el Joan ja havia aconseguit el desembre anterior a Calvià.

La marató de Barcelona d'aquell any, dos mesos i dos dies abans de la gran cita de París, havia de servir de test per veure si la preparació anava pel bon camí. I el test va ser positiu. Tot i la duresa del recorregut d'aquell any, amb la pujada pel carrer Muntaner fins a dalt de tot i el final a la recta de l'Estadi de Montjuïc, vaig fer 3:03:44, la segona millor marca de la meva vida. De fet, era la primera vegada que feia una marató sense rebaixar la marca anterior.

I va arribar el dia de París. El dia D. El dia que havia de baixar de les tres hores. Havia entrenat com un professional. Probablement massa. Suposo que havia esmolat tant el ganivet que l'havia acabat trencant. Les sensacions de l'última setmana ja no eren massa bones, però estava convençut que tot sortiria bé. En aquella època la marató de París començava a la part baixa dels Camps Elisis, a la Concòrdia, i tirava cap amunt en direcció a l'Arc del Triomf. Al revés que ara, vaja. En aquells temps no hi havia xip per controlar el temps i, per tant, només hi havia una marca, l'oficial. Com que érem una bona colla que volíem baixar de tres hores, estàvem obsessionats a situar-nos bé a la sortida. Seguint l'amic Jordi Baltiérrez, un experimentat maratonià manresà, vam passar gairebé per sobre de la gent i vam arribar com aquell qui diu a primera fila. Érem el Joan, el Carlez, jo mateix i també el Josep Torres, de l'Ametlla, encara que ell tenia objectius més modestos. Jo portava la samarreta quadribarrada de Marathon Catalunya, i abans de sortir ja la tenia xopa de suor. Feia una calor inusual a París. Mal presagi...

Vam sortir a 4.15, Camps Elisis amunt. Jo ja anava amb el ganxo. Alguna cosa no funcionava. No podia ser que els primers quilòmetres no anés còmode al ritme previst. Em sembla recordar que en passar per l'Etóile ja vaig desistir de seguir els companys i em vaig quedar sol. Pel Bois de Bologne notava una sensació estranyíssima. Evidentment, en aquella època no portava pulsòmetre, però em sentia el cor com si estigués fent sèries... I anava més lent que el ritme previst.

Abans de la mitja marató ja ho volia deixar córrer. Vaig arribar on teníem la gent del grup que no corria. El Xavi, que anava amb crosses, la Montse, la Gemma... Els vaig dir que volia plegar, però no em van deixar. Aviat vaig haver de caminar. Recordo que vaig pensar: «Si trobo un taxi, l'agafo». Però, per sort o per desgràcia, no en vaig veure cap. La marató anava cap als afores de París i acabava a l'hipòdrom de Vincennes, o sigui que no em va quedar altre remei que anar caminant i trotant, esperant d'arribar una hora o altra. Em va atrapar el Josep Torres, que em va dir que quan em va veure es pensava que ja havia acabat i l'anava a esperar... Després em vaig trobar amb un altre català, que va resultar ser un amic del Carlez. Em va dir que ell no entrenava gaire i que ja estava acostumat a acabar les maratons caminant.

No sé com, però vaig arribar al famós hipòdrom. Em vaig posar a córrer, a ritme de ruc més que de cavall, i vaig fer la volta final per aturar el crono en 5 hores, 8 minuts i 23 segons. I pensar que havia entrenat com un boig per baixar de tres hores!

Va ser una gran decepció. Durant molts dies vaig rumiar què podia haver passat. La calor podia ser una excusa. De fet, a París hi va haver una desfeta general. Però jo crec que hi havia alguna cosa més. Suposo que vaig experimentar per primera vegada un fenomen força corrent en els maratonians: passar-se de forma. Però, en fi, no hi havia més solució que mirar endavant i tornar-ho a provar. Jo sabia que podia baixar de les tres hores. Tenia una marca de 3:01 i una de 3:03. Es tractava de deixar passar l'estiu i tornar-s'hi a posar a la tardor. Calvià seria el nou escenari per buscar la glòria.

Durant l'estiu vaig desconnectar de córrer. Amb el meu amic Toni Closa, periodista de l'*Sport*, vam fer un viatge que teníem pendent de feia temps. El Transsiberià. Aleshores no sabia que 20 anys més tard el tornaria a fer... amb una noia que aleshores només tenia 12 anys. Però d'això en parlarem més endavant...

En tornar de Rússia vaig començar a entrenar. En aquella època ja començava la febre dels diferents plans d'entrenament. No hi havia internet, però sí revistes. Però jo em vaig fiar més del Domingo Catalán. El Mingu es mereixeria un capítol a part en aquest llibre. Són tantes les vivències que hem compartit! Em vaig posar a la feina i de mica en mica la forma va anar tornant. A quatre setmanes de la marató vaig fer un «marcón» a la mitja de Mollerussa: 1:22:36, a 3:55 el quilòmetre. Era evident que tenia el sub 3 hores a les cames.

Però el record del fracàs de París m'amoïnava i, a mesura que s'acostava l'11 de desembre augmentava l'ansietat. Tenia moments de gran confiança i seguretat i d'altres de dubtes i pors.

Finalment va arribar el gran dia. El Joan i jo ens vam situar a la sortida, com un any abans, intentant col·locar-nos bé per no perdre temps.

La marató va ser calcada a la de l'any anterior... però al revés. Vam anar junts fins al *mur*, però aquesta vegada va ser el Joan el qui es va quedar. Jo vaig continuar a ritme, buscant la glòria. Passat el quilòmetre 40 ja cantava victòria. Aquells moments finals van ser apoteòsics i, quan vaig veure al fons la pancarta d'arribada, no vaig poder contenir les llàgrimes. El cronòmetre va marcar 2:58:29. M'havia sobrat un minut i mig. Ja era sub 3 hores! Havia trencat la barrera màgica.

LA «MARQUITIS»

Ser un maratonià «sub 3 hores» no significava que hagués arribat al final de cap camí. En principi vaig pensar que, un cop trencada aquesta barrera, em podria agafar les coses amb més tranquil·litat i gaudir de córrer sense tanta obsessió pel rellotge. Que equivocat que estava! No sabia que havia entrat de ple en l'etapa de la «marquitis», una fase típica en tots els corredors. Per a alguns és més llarga que per a d'altres, però pràcticament ningú no s'escapa d'aquesta autèntica obsessió per rebaixar les marques personals.

No cal dir que, un cop assimilada la marca de Calvià, l'objectiu va ser rebaixar-la a la marató de Barcelona del 89. Pel camí vaig tornar a fer 1:22 en mitja, a Granollers, i vaig conèixer per primera vegada què hi havia més enllà de la marató, en la primera edició de la Cursa Científica de l'Hospital de Sant Pau, que aleshores es feia donant voltes durant 6 hores per l'exterior de l'hospital. Vaig participar en un dels primers *experiments* dels doctors Ricard Serra Grima i Jordi Ordóñez, que ens van fer servir de conillets d'índies per demostrar als incrèduls que això de córrer durant hores i hores no tan sols no era dolent, sinó que reportava uns grans beneficis per a l'organisme.

A la marató de Barcelona d'aquell mateix any vaig rebaixar en dos minuts la marca de Calvià. La línia d'arribada estava situada al parc de l'Espanya Industrial. Els canvis de circuit s'acabarien l'any següent, amb la instauració del recorregut olímpic de Mataró a Barcelona. Aquell era un important *cavall de batalla* de la nostra marató. Els corredors catalans volien un circuit estable, com tenien la majoria de les maratons del món. Ja n'estaven tips, d'haver de canviar cada any. A través de la revista *Marathon*, creada per Ramon Oliu en fundar la *Comissió Marathon Catalunya*, molts corredors expressaven el seu malestar per la impossibilitat de crear un circuit fix. Vaig ser director de la revista en les èpoques de Raimon Vancells, Adolf Torruella i Domingo Catalán com a presidents de l'entitat i, per tant, coneixia *la casa* i sabia els problemes que hi havia amb l'Ajuntament de Barcelona per trobar un circuit que fos òptim per a la marató i que no fes massa nosa als automobilistes. A partir del 1990, amb la instauració del recorregut olímpic des de Mataró fins a l'Estadi es va solucionar, en part, aquest problema, tot i que cada any hi havia petits retocs. Després, quan els maratonians es van cansar d'arribar a l'Estadi perquè la duresa dels últims quilòmetres repercutia en les marques, van tornar els canvis radicals de circuit. Després va venir la guerra oberta entre l'Ajuntament i *Marathon Catalunya*, que el 2005 va provocar fins i tot la suspensió de la marató, que va ser substituïda per la Marató del Mediterrani.

Va aparèixer aleshores la *Plataforma Marató a Barcelona*, que, en bona sintonia amb l'Ajuntament, va aconseguir recuperar la marató per a la ciutat i, a més, dotar-la, per fi, d'un circuit estable i turístic, que pot ser la clau perquè la marató de Barcelona se situï on li pertoca dins del panorama internacional. L'augment de participació a partir del 2006 ha estat espectacular.

Però he avançat molts anys en el temps per repassar la història de la marató de Barcelona. Tornem al 1989 i recuperem la meva època de la «marquitis». Després d'aquella marató vaig poder comprovar que ja no em seria tan fàcil esgarrapar segons a la marca. El 2:56 en marató, l'1:22 en mitja i els 38 en els 10 quilòmetres es van convertir en registres que s'anaven repetint però que no se superaven.

L'any 91 vaig preparar a consciència la marató de Londres, per veure si baixava d'una vegada de 2:56. No ho vaig fer per 6 segons. Suposo que si hi hagués hagut control de xip sí que ho hauria aconseguit. En qualsevol cas, havia restat uns quants segons a la meva marca. A la tarda, a l'hotel, vaig tenir una alegria inesperada. Mentre veia el resum de la marató per televisió, vaig veure l'arribada de Sir Sebastian Coe, que feia poc que s'havia retirat de l'atletisme d'elit i que disputava aquella marató amb fins benèfics. Li vaig treure una vintena de segons! Guanyar un mite com Coe, un dels migfondistes més brillants de la història, és una de les anècdotes més increïbles del meu historial. Encara guardo el diari on hi ha la classificació, amb la *prova* de la meva victòria. Llàstima que el meu cognom surt amb «v» i no amb «b», per culpa del tour-operador madrileny que encara avui dia té l'exclusiva de les inscripcions per Londres...

Estava en plena «marquitis» i això em feia devorar qualsevol revista o llibre en què es parlés de mètodes d'entrenament, però ja vaig començar a alternar maratons *de turista* i més incursions a l'ultrafons. A Pessillà de la Ribera, al Rosselló, vaig establir el meu rècord de distància, en fer més de 64 quilòmetres en 6 hores. Això em va despertar un nou objectiu: fer una cursa de 100 quilòmetres.

L'admiració que sentia per Domingo Catalán, aleshores el millor especialista del món en els 100 quilòmetres, hi va tenir molt a veure. La nostra relació va començar per un tema merament professional, però, sobretot després del problema que va tenir per haver anat a córrer a Sud-àfrica en època de l'apartheid,[1] vam parlar més sovint, la relació va anar a més i en va néixer una amistat per a tota la vida.

1. Va ser suspès per 2 anys per la Federació Espanyola per haver vulnerat la prohibició internacional de competir a Sud-àfrica.

L'experiència dels 100 quilòmetres no l'oblidaré mai... però no sé si la repetiré. Vaig triar els de Palamós perquè aquell any 92 li havien atorgat la Copa del Món, i això garantia que la prova no seria tan solitària com els altres anys. Fins al quilòmetre 60 vaig anar acompanyat del Pere Capdevila, probablement el corredor popular català que més maratons ha disputat. Els últims 40 quilòmetres els vaig fer sol. Recordo que al pas per la doble marató vaig tenir una crisi psicològica. Els gairebé 16 quilòmetres que em faltaven se'm presentaven com una muntanya insalvable. Vaig haver de caminar, però en un moment clau van aparèixer els amics de l'Ametlla, el Xavi i la Montse, l'Emili i la Duvi, la Lluïsa... No recordo gaires detalls d'aquells últims minuts. Només sé que vaig arribar i que ho faig fer corrent a grans gambades, com si acabés de començar. El cronòmetre va marcar 10 hores i 20 minuts. Em van agafar i em van ajeure en una llitera per fer-me massatges, cosa que ara està comprovat que és absolutament contraproduent. Però jo volia veure el Domingo. Ja m'havien dit que havia guanyat. Feia gairebé quatre hores que havia arribat. Em van portar al restaurant on ja acabava de dinar. Recordo que també hi havia la Quima Casas. Evidentment, el Domingo havia tingut temps de dinar, de prendre's uns quants «carajillos» i de fer el rotet... I estava fresc com una rosa.

Aquell any 92, la feina em va fer parar més del compte a

l'estiu. Vaig encadenar el Tour amb els Jocs Olímpics de Barcelona, i a la tardor vaig fer una cosa que, a la llarga, acabaria sent habitual en la meva vida: fer unes vacances llargues i aprofitar per córrer una marató exòtica. Va ser la d'Auckland, a Nova Zelanda, que em va permetre comprovar que la marató, ja en aquell moment, era un fenomen universal, i que res no canviava encara que anessis a córrer a les antípodes.

M'anava fent gran i començava a trobar-li el gust a fer més maratons i curses del que es considerava prudent. Sabia, doncs, que em quedaven pocs *cartutxos* per fer «la marca». Intuïa que valia menys de les 2 hores i 55 minuts que tenia com a millor registre. I estava disposat a demostrar-m'ho.

En 10 km havia arribat fins als 37:19. En mitja continuava encallat en 1:22, una marca que havia fet ja sis o set vegades. Però la marca que volia millorar com fos era la dels 42.195 metres. Tornant de la marató de Nova York del 93 vaig decidir preparar-me a fons per la marató de Sevilla del 94. Buscar la marca a Barcelona, tot i que tenia dues setmanes més per entrenar, era massa arriscat, perquè encara s'arribava a l'Estadi Olímpic, amb un final molt exigent.

I com diu la cançó, «Sevilla tuvo que ser». Allà em va sortir tot rodó. Hi vaig arribar en plena forma, ni curt ni passat. Va fer un dia magnífic i vaig córrer amb el cap, a ritme des del començament. En la tercera part del llibre parlarem de la manera com s'han d'afrontar les maratons, però crec que poques vegades a la vida et surten les coses tan rodones com aquell dia. No vull farcir el text d'aquest llibre de números i marques, però faré una excepció amb aquesta marató perquè va ser la millor de la meva vida, pràcticament a 4:06 des del començament fins al final. El quilòmetre 5 el vaig passar en 20:32, el 10 en 40:56 i el 15 en 1:01:17. El pas per la mitja el vaig fer en 1:26:22. Alguna cosa em deia que no fallaria i que aniria a ritme fins al final. El 2:53 m'esperava. I així va ser. No hi va haver cap *mur* al 30 ni al 35. Al final, 2:53:06 segons el diploma, encara que a la foto el rellotge marca dos segons menys. I no hi havia xip a la sortida!

Quinze dies després vaig sortir a la marató de Barcelona, amb un bitllet de 500 pessetes al mitjó per si havia d'abandonar. Vaig acompanyar el Carlez amb l'objectiu de fer menys de 3:10. Va ser una altra marató perfecta de ritme, amb 1:33:13 a la primera mitja i... 1:33:12 a la segona, tot i la pujada a Montjuïc. No crec que mai més a la vida pugui tornar a «doblar» una marató d'aquesta manera.

Sens dubte, estava en el millor moment. Passat l'estiu, i sense entrenar massa, vaig descobrir la Behòbia, vaig tornar a fer 2:53 a Lisboa i, per fi, vaig trencar la barrera de l'1:22 en la mitja (1:20:50 a Vilanova).

La «marquitis» encara va durar un temps, però les millors marques ja estaven fetes. Mai més no vaig tornar a baixar de tres hores, tot i que ho vaig intentar un parell o tres de vegades més i a Calvià 95 (3:00:26) ho hauria aconseguit si els punts quilomètrics haguessin estat ben posats.

Però el maratonià viatger i de reptes especials estava guanyant la batalla al de la «marquitis». M'estava canviant el xip.

UN RODAMÓN DE LES MARATONS

No sé quan vaig prendre consciència que no era un maratonià convencional. M'agradava tant córrer maratons, tot i el patiment que inevitablement algunes vegades comporta, que no em conformava a fer només la de Barcelona i una altra cada any. Viatjar i veure món és una altra de les meves passions, i, per tant, la combinació d'anar a córrer maratons a llocs interessants era molt temptadora.

I de mica en mica vaig anar construint un curiós historial maratonià.

Al marge d'anar a llocs més o menys exòtics, com Sant Petersburg o Honolulu, em va començar la dèria dels números i les maratons especials. Així, vaig fer mans i mànigues per poder anar a córrer la Marató de Boston del 96, l'edició número 100 de la marató més clàssica del món. Boston és la Meca dels maratonians. Evidentment, Nova York és la més popular, la més coneguda, la festa mundial dels bojos dels 42.195 metres, però a Boston es respira un ambient *autèntic*, un *classicisme* que surt dels seus més de cent anys d'història. La marató del Centenari va ser una autèntica festa, i tots els qui la vam córrer la portarem gravada per sempre amb lletres d'or en el nostre historial.

Una altra marató que hauria de ser al palmarès de tothom és la del Médoc. «La marató més llarga del món», segons diu l'eslògan, transcorre per entre les vinyes i els «chateaux» d'una de les zones vinícoles més importants del món. Hi ha més de 20 degustacions de vi durant tot el recorregut..., i jo no me'n vaig saltar cap! L'ambient és de festa, la majoria dels corredors van disfressats, i el que arriba primer rep l'esbroncada, més que no pas els aplaudiments, del públic, que considera que no s'ha aturat a beure vi i que, per tant, no sap gaudir de la vida.

Molts anys més tard vaig córrer, disfressat de cavaller medieval, la Marató del Beaujolais, que té les mateixes característiques que la del Médoc.

Amb l'aparició d'internet, es va fer més fàcil descobrir les diferents maratons que hi ha escampades per tot el món. Aviat vaig veure que, corrent sense pretensions de marca, es podien fer tantes maratons com es volgués. El calendari era cada cop més atractiu. Només feien falta dues coses: dies lliures i diners. Malauradament, les dues coses són limitades...

Amb l'amic Andreu Ballbé, olímpic a Mont-real en els 800 metres i maratonià popular després de la seva retirada, vam coincidir a la Marató de Disney World, a Florida. Ell hi era perquè s'hi celebrava el congrés mundial de Championchip, l'empresa líder en el cronometratge de curses. Jo hi era, simplement, perquè havia trobat la marató a internet i em va semblar ideal compaginar-la amb una visita de tres o quatre dies als parcs temàtics més famosos del món. Amb l'Andreu vam córrer plegats i després ens ho vam passar com nens petits a les atraccions dels parcs...

De mica en mica vaig anar relativitzant els temps de les maratons i vaig trobar gust en altres al·licients. L'any 2001 vaig poder experimentar per primera vegada què se sent en córrer dues maratons separades només per sis dies. Vaig córrer a Dublín un dilluns i a Nova York el diumenge següent. Va ser una marató molt especial perquè encara no feia dos mesos de l'atemptat de les Torres Bessones, i la Zona Zero encara fumejava. TV3 va transmetre en directe aquella marató i jo la vaig córrer permanentment connectat amb un telèfon mòbil i vaig anar intervenint en la transmissió, que portaven des dels estudis de Sant Joan Despí el meu company Xavi Bonastre i Domingo Catalán. Va ser una experiència molt interessant, tot i que el meu cos va acusar molt més la recent marató de Dublín que no pas el fet d'haver d'anar parlant per telèfon mentre corria...

Els anys passaven i s'acostaven dues cites importants. La marató 50 i la marató dels meus 42 anys i 195 dies. Feia temps que se m'havia acudit aquesta idea. Vaig calcular quin dia de la meva vida compliria els 42 anys i 195 dies i vaig descobrir que s'esqueia en un diumenge, el 14 d'abril del 2002. Era evident que s'havia de celebrar amb una marató. Una marató diferent, especial, en companyia dels meus millors amics. El Joan Mas i el Carlez Mira, amb qui mantenia una relació íntima des de Nova York 87, estaven disposats a anar on fos. Ells, per diferents històries, gairebé ja no corrien maratons, però aquell dia farien una excepció. Vam decidir que faríem tota la marató junts, des del principi fins al final, al ritme del més lent. Prohibit escapar-se.

La marató dels 42 anys i 195 dies va ser la del Llac d'Annecy, als Alps, una marató bonica i tranquil·la, al voltant del llac. Va ser una altra experiència inoblidable. Havíem pactat que, en cada quilòmetre, aniríem repassant les nostres històries personals, en funció de l'any corresponent de la meva vida. Vam començar al quilòmetre 5, quan tocava parlar del 1965, el primer any del qual jo tinc memòria. Així vam anar arribant, sense notar tant el cansament, fins als últims anys de les nostres vides. Allà va sortir de tot: col·legis, feines, «novietes», viatges, esdeveniments esportius...

Vam entrar tots tres junts en més de 4 hores i mitja. Pràcticament no teníem ningú al darrere. El Carlez ho va passar molt malament perquè s'havia oblidat les plantilles a Barcelona. Però vam ser feliços. Molt feliços. Era la meva marató 49. Ells, de moment, no n'han fet cap més, però segur que seran al meu costat en la marató número 100.

La següent marató era la 50. Ja feia temps que havia decidit on l'havia de córrer. Era una decisió fàcil. Atenes. El bressol de tot plegat.

El 3 de novembre del 2002, dia en què el meu pare hauria fet 97 anys, vaig sortir de les ruïnes de Marató, l'escenari de la històrica batalla entre perses i atenencs, per disputar la meva cinquantena marató. El Carles Ferré, un altre català, havia tingut la mateixa idea. També corria la seva cinquantena marató.

La d'Atenes és una marató que s'ha de fer almenys un cop a la vida. És l'origen de la nostra fal·lera. Ara bé, és una marató avorrida i de segona divisió. El recorregut de Marató a Atenes és lleig, dur i sense públic. L'arribada a l'Estadi Panathinaikon, però, no té preu. Està molt ben conservat, i es respira olimpisme pels quatre cantons. S'hi van fer els Jocs de la primera olimpíada de l'era moderna, el 1896. Un any després, a Boston es feia la primera marató urbana de la història. I fins avui...

Haver pogut córrer la marató número 100 de Boston, la meva cinquantena a Atenes, i una marató el dia que feia 42 anys i 195 dies amb els meus amics, són tres dels pilars de la meva carrera maratoniana, encara que de moments emotius n'hi ha hagut molts altres: la primera marató acabada, la primera per sota de tres hores, la del Sàhara, la de l'Antàrtida, el «hat trick» del 2004, el «repoker» del 2006, la primera marató després d'una inoportuna lesió, la festa de les 75 maratons...

Moments i records de reptes, d'objectius, de projectes i d'il·lusions, que han anat construint la meva història maratoniana.

ELS SET CONTINENTS I ALTRES REPTES

A l'hora de buscar nous reptes, aviat vaig veure que tenia continents encara per estrenar. Havia disputat moltes maratons, però cap a l'Àfrica, a l'Àsia o a l'Amèrica del Sud. De mica en mica, doncs, hi havia d'anar posant remei. El que no sabia encara és que podia ampliar el panorama continental amb una marató a l'Antàrtida...

La primera marató africana va ser molt especial. La marató del Sàhara el febrer del 2003. És una marató solidària, que es fa en els campaments dels refugiats sahrauís instal·lats des de fa més de 30 anys a la regió algeriana de Tindouf. Més enllà de la marató, el viatge val la pena perquè et permet conviure amb una gent que no té cap de les comoditats a què estem acostumats a Occident, però que, en canvi, té una hospitalitat i una generositat increïbles.

Va ser una experiència inoblidable pels cinc dies de vida al desert, en contacte constant amb un poble que viu en unes condicions deplorables des de qualsevol punt de vista, esperant amb fe un dubtós referèndum que els permeti tornar a casa... i que probablement no arribarà mai.

Després de conviure cinc dies amb els sahrauís, no entenc com poden subsistir en un hàbitat tan hostil, per més ajuda humanitària que rebin de l'ONU i de diferents governs i ONG de tot el món. Les condicions de vida als campaments són absolutament *inhabitables* des del punt de vista occidental. Sense aigua corrent ni xarxa elèctrica, sense vegetació, amb temperatures que a l'estiu arriben a límits inhumans, amb una sequedat total i amb la sorra com a companya inseparable en tot moment.

Em va sorprendre, però, que, malgrat aquestes condicions, el poble saharià no sembla un poble infeliç. Els nens, com a tot arreu, juguen contents i riallers, sense queixar-se del decorat inhòspit que els ha tocat en sort a la tómbola de la vida. Els grans també semblen conformats a la seva sort i, mentre alguns encara parlen de l'esperança de retornar un dia al Sàhara Occidental, d'altres creuen que sempre més s'estaran als campaments de Tindouf.

Pel que fa a la marató, la primera condició per participar-hi és canviar completament el «xip». La prova no té res a veure amb una marató urbana, ni tan sols amb una de muntanya. S'ha d'anar mentalitzat a lluitar contra la sorra, la sequedat total i el vent, el terrible vent del desert. S'han d'oblidar els temps que un acostuma a fer en una cursa de 42 quilòmetres i 195 metres. S'ha de tenir molta paciència, una mica de sentit de l'orientació i, sobretot, s'ha de beure tant com es pugui en els avituallaments per evitar una deshidratació que, en la majoria dels casos, acaba arribant igualment en la part final del recorregut.

L'equipament ha de ser també una mica diferent del de les maratons convencionals. Són indispensables una gorra, unes ulleres de sol amb un bon filtre solar i amb proteccions laterals per a la sorra, i un mocador per poder tapar la boca i el nas en el cas molt probable de tempesta de sorra. El calçat pot ser l'habitual, preferentment sabatilles d'entrenament per superar millor les pedres del camí, i s'hi pot incorporar alguna mena de protecció fins a mitja cama per evitar que t'entri la sorra als peus. Això, però, no és indispensable, perquè la sorra és tan fina que és molt difícil que provoqui butllofes. Personalment, vaig córrer amb sorra als peus des del primer quilòmetre i vaig acabar la prova després de cinc hores amb els peus completament «immaculats». La sensació és la de portar pólvores de talc dins dels mitjons...

El recorregut de l'edició del 2005 anava del campament d'Al-Aaiun fins al d'Smara. L'organització havia decidit invertir el sentit de les dues primeres edicions, per evitar el vent en contra. Però es veu que «la llei de Murphy» també existeix al desert, ja que el vent va capgirar el sentit dels dos primers anys i novament es va convertir en el principal adversari dels corredors. La seva força, a més, va ser molt superior, segons van comentar tots els qui havien assistit a les edicions anteriors. L'organització va parlar de ràfegues de fins a 100 quilòmetres per hora, cosa que no m'estranyaria gens ni mica. La sorra formava com una boira, que et feia viure una sensació absolutament fantasmagòrica. Costava de creure que aquell escenari fos real i havies de fer esforços per no desorientar-te i seguir el camí correcte.

La participació de la marató era petita (no arribàvem als 150), tot i que entre la marató, la mitja, els 10 quilòmetres i els 5 érem més de 300 participants. Aquest nombre tan reduït de corredors feia que, durant la segona meitat de la prova, et trobessis pràcticament sol dins del desert. Hi va haver un moment en què no veia cap altra persona a l'horitzó, ni al davant ni al darrere ni, per descomptat, als costats. Només veia sorra i cel per tot arreu. La sensació era «de pel·lícula» i la meva obsessió, no perdre'm. L'organització havia clavat a la sorra bosses d'escombraries de color blau, perquè fossin ben visibles, i, a més, hi havia unes pilones de guix blanques en els avituallaments i en alguns altres punts, pensades per ser visibles des de molta distància. El problema era que a vegades la tempesta de sorra i els desnivells del terreny t'impedien veure-les i et començaves a posar nerviós.

Tenint en compte l'alt risc de deshidratació, l'organització havia situat avituallaments cada dos o tres quilòmetres. El sistema, però, no era l'habitual d'ampolles petites o gots perquè la gent pogués beure'n en marxa el contingut i després en llencés el continent, perquè tampoc era qüestió de convertir el desert en un abocador d'escombraries. Els participants havíem d'aturar-nos en els avituallaments —en aquesta marató el cronòmetre no té cap importància— i beure a galet amb unes ampolles de litre i mig que compartíem tots plegats. Tot i que no teníem cap pressa, el problema era que sempre et sembla que amb un parell de glops en tens prou, i a la llarga acabes completament deshidratat.

Els quilòmetres no estaven marcats i tampoc no sabies exactament quant et quedava. A més, em vaig trobar tres avituallaments seguits en què els voluntaris sahrauís que et donaven l'aigua et contestaven «doce» quan els preguntaves quants quilòmetres quedaven, és a dir, que era impossible saber segur en quin punt et trobaves.

En els últims quilòmetres hi havia l'únic tram del recorregut sobre asfalt, però les condicions en què hi arribaves t'impedien aprofitar-lo per accelerar el ritme. Finalment, abandonaves l'asfalt per entrar al campament d'Smara. Recordo que, quan vaig veure l'arribada, vaig mirar instintivament el rellotge per saber quin temps faria. Em va semblar que, fent un últim esforç, podria baixar de les 5 hores, però, quan vaig intentar canviar el ritme, els dos bessons se'm van revolucionar i em van pujar com dues boles fins darrere els genolls. Vaig haver de deixar-ho córrer i acabar dignament, amb un temps de 5 hores i 15 segons, que en una altra marató seria absolutament mediocre, però que en aquesta em va permetre acabar en un inesperat trenta-dosè lloc, de 105 valents que vam acabar la prova.

Tres dies després de la cursa va començar una altra marató, diferent, però que es va fer igualment dura. La companyia aèria Khalifa va convertir el viatge de tornada en una autèntica odissea. Però, en fi, això és una altra història. M'he estès molt en aquesta marató, però és que la seva absoluta particularitat bé ho mereixia.

Un any després vaig tornar a l'Àfrica, amb el meu company Xavi Bonastre, per córrer la marató de Marràqueix. Tot i que també és un lloc interessant per córrer, evidentment la marató no té res a veure amb la del Sàhara. Aquesta és tota per asfalt i no difereix gaire de les maratons europees o americanes. L'anècdota que més recordo d'aquella marató és que, diumenge a la tarda, havent dinat, vam voler anar a prendre un te al famós Hotel Mamounia i no ens hi deixaven entrar perquè anàvem amb pantalons curts. Quan el Xavi Bonastre va tenir la idea d'ensenyar-los la medalla de la marató, les portes se'ns van obrir automàticament. I és que hi ha coses que no fallen enlloc...

Abans d'anar a Marràqueix vaig fer una de les meves celebracions especials. Així com el 2002 vaig calcular el dia exacte que feia els 42 anys i 195 dies, aquesta vegada vaig voler commemorar els meus 20 anys de maratonià. Si ho volia fer per data em tocava l'últim diumenge d'octubre del 2003, però si ho volia fer a Nova York, escenari del meu debut, havia de ser el primer diumenge de novembre, ja que la prova novaiorquesa havia canviat de data en aquells vint anys. La solució va ser fer dues maratons: la de les Cascades del Niàgara el 26 d'octubre (dia més proper al 23 d'octubre del meu debut) i la de Nova York el 2 de novembre.

Això de fer dues maratons en una setmana ja em semblava un joc de nens, i l'any següent vaig voler comprovar si era capaç d'assimilar un nou repte, afegint-hi una tercera marató. L'escenari va tornar a ser l'est dels Estats Units, i les maratons escollides les de Detroit, Washington i Nova York. Com que fer-ne tres de seguides em semblava una mica agosarat, vaig fer un entrenament previ diferent, oblidant-me de córrer ràpid i centrant-me en una tirada llarga setmanal, que vaig allargar fins a 30, 32, 34 i 35 quilòmetres en les quatre setmanes anteriors al repte. Pensava que així acostumaria el cos a recuperar-se després d'un esforç de llarga durada.

Aquest repte de les tres maratons va ser batejat com a «Hat Trick» pels companys del *10de1000*, una pàgina d'internet dedicada als corredors de fons, que més tard es convertiria en *Corredors.cat*. Vaig viure, doncs, la nova experiència de compartir el viatge i les maratons amb molts companys i amics, que seguien directament les peripècies per internet.

Els temps de les maratons no van ser tan dolents (Detroit, 3:31; Washington, 3:41, i Nova York, 3:40), tot i que les vaig córrer sense estar gens obsessionat amb el rellotge. Mentre corria a Detroit vaig celebrar mentalment el meu «quilòmetre 50.000», que segons els meus càlculs s'esqueia en el quilòmetre 36 d'aquella marató. Curiosament, com si l'atzar s'hagués volgut solidaritzar amb la meva celebració, uns espectadors em van oferir cervesa més o menys en aquell punt... i no vaig dubtar gens ni mica a l'hora d'agafar el got i brindar pels meus primers 50.000 quilòmetres de corredor.

La marató la vaig acabar força bé. Les últimes milles van ser les més ràpides i estava eufòric. Els dies següents, però, em vaig desmoralitzar una mica. Les cames em feien molt mal i estava clar que el cos no havia assimilat la marató com una simple tirada llarga. Potser el canvi de la terra a l'asfalt en tenia més culpa que el fet d'haver passat de 35 quilòmetres a 42.

Vaig afrontar, doncs, la segona marató, la de Washington, amb més prudència. D'entrada, vaig abaixar una mica el ritme, aproximadament a 5:10 el quilòmetre, i vaig anar agafant confiança a mesura que avançava la prova. Les piles em van aguantar fins al quilòmetre 32, i els deu últims els vaig haver de fer a un ritme més lent, fins a acumular cinc minuts de pèrdua en la segona mitja respecte de la primera, un marge força habitual.

Els dies següents em vaig trobar muscularment molt millor que la primera setmana, i això em va donar moral per a la tercera i última marató, la de Nova York. Tot i la meva experiència, allà potser vaig pecar d'excés de confiança i vaig sortir massa ràpid. Aprofitant la milla de baixada de la segona part del Pont de Verrazano, vaig fer tota la primera mitja marató per sota del ritme previst de 5 minuts per quilòmetre. En la segona, això, els desnivells de la prova i probablement el cansament acumulat, em van fer reduir el ritme progressivament. Aquí la descompensació de les dues mitges va arribar als deu minuts, tot i que la marca final va ser gairebé dos minuts millor que a la marató de Washington.

En el meu següent repte sí que el cronòmetre es va convertir en un actor absolutament secundari. Feia temps que tenia ficat l'ull a la Marató de l'Antàrtida i, per fi, l'agència nord-americana *Marathon Tours*, amb seu a Boston, m'havia enviat un correu electrònic donant-me 48 hores per decidir-me i... pagar la meitat del viatge. Els havien autoritzat un segon vaixell i van recórrer a la gent que, com jo, estàvem a la llista d'espera. Vaig parlar amb la meva companya de feina Rosa Junyent, que sempre m'havia comentat que li fascinava la possibilitat d'anar a l'Antàrtida..., i ens vam decidir! A més, vaig descobrir que, només tornar del continent glaçat, a Ushuaia feien una altra marató, anomenada «Maratón del Fin del Mundo», que m'oferia la possibilitat de córrer per primera vegada a l'Amèrica del Sud i entrar en el selecte «Seven Continents Club», una llista creada per la mateixa agència *Marathon Tours*, amb els maratonians de tot el món que podien demostrar que havien disputat almenys una marató en cadascun dels continents, inclosa l'Antàrtida. Els nord-americans divideixen Amèrica en dos continents, i d'aquí vénen els «Seven Continents»: Europa, Àsia, Àfrica, l'Amèrica del Nord, l'Amèrica del Sud, Oceania i l'Antàrtida.

En un sol viatge, doncs, completava la col·lecció, amb l'Antàrtida i amb l'Amèrica del Sud. Una experiència fascinant, més enllà de l'aspecte purament maratonià. Els deu dies que va durar el viatge d'anada i tornada des de la Terra del Foc fins un bon tros avall del continent antàrtic, no els oblidaré mentre visqui. Els paisatges glaçats, els colors canviants del gel, les balenes traient majestuoses la cua al costat del nostre vaixell, la multitud de pingüins i de foques... Un altre món. Un món que val la pena veure. Curiosament, amb el pas dels anys, el que menys recordo és haver passat fred...

La marató es disputa a l'illa de King George, a la zona més septentrional i, per tant, menys freda del continent. Està plena de bases científiques de diferents països i s'utilitzen els camins que les uneixen per fer la marató, que consta de dues voltes al mateix recorregut i que inclou una ascensió a una glacera.

Faré una excepció i en comptes d'evocar els meus records actuals d'aquella marató, com faig amb totes les altres de la meva vida, em premetré la llicència de transcriure textualment el que vaig escriure aquell febrer del 2005, en el mateix vaixell que ens havia de retornar a l'Argentina, a través de l'agitat passatge de Drake, al cap d'Hornos:

> «El dia de la marató es lleva en condicions molt bones. No fa fred, només unes dècimes sota zero, i, sobretot, no fa vent. La gent de Marathon Tours diuen que potser són les millors condicions de les sis edicions que s'han fet a l'illa i ja no diguem de la que es va haver de fer a la coberta del vaixell perquè el vent va impedir el desembarcament.
>
> Amb il·lusió i alegria preparem les motxilles i ens vestim per pujar a les *zòdiacs* que ens transportaran fins a l'illa. Hi arribem i ens queden pràcticament vint minutets per canviar-nos de calçat i deixar-ho tot a punt per les tres vegades que passarem per la zona d'arribada, en plena base russa: roba de recanvi per si fa falta i, sobretot, els bidons d'aigua.
>
> Em col·loco la càmera de vídeo lligada al pit per l'interior de la jaqueta de màniga llarga amb què correré, la

càmera de fotos a la butxaca i la *camelback* a l'esquena, per evitar portar un bidó a les mans durant les primeres milles. M'asseguro de portar el gorro, els guants, les ulleres de sol, tot i que no en fa, i em dirigeixo a la sortida, a temps per veure com es posen en marxa les dones, els homes més grans de 60 anys i els participants de la mitja marató, entre ells un en cadira de rodes, per primera vegada en la història d'aquesta prova. És un home de Singapur, de 54 anys, resident als Estats Units. Es diu William Tan i ha pactat amb l'organització que farà aproximadament la distància de la mitja marató, però sense pujar a la glacera Collins, que seria impossible amb la cadira.

Tres minuts després sortim la resta i de seguida m'adono que això no tindrà res a veure amb una marató convencional, ni tan sols amb una de muntanya, tot i que s'hi assembla molt. El camí està completament enfangat i les sabatilles s'enfonsen sovint fins als turmells. Em paro a gravar les primeres imatges i, tot i això, no trigo a passar el William Tan, completament encallat en el fang amb la cadira.

Després d'una persistent pujada, sembla que el terreny millora, fins que passem un petit rierol i arribem a la base uruguaiana. Allà ens animen en castellà i decideixo parar-me i preguntar si saben què va fer el Barça amb el Chelsea. Em diuen que va guanyar per 2 a 1...

Arribem tot seguit a una zona de pedres. Són molt grosses i s'ha d'anar en compte per no torçar-se el turmell. Gairebé tinc ganes d'arribar a la glacera Collins. Ho fem quan portem unes tres milles de competició. Aleshores comença la pujada per un fort pendent (diuen que d'un 18 per cent) completament nevat. Tothom camina, però aviat comencem a veure els que baixen, que poden córrer amb una mica de precaució.

Arribo a dalt de la glacera. Teòricament hem fet 3 milles i mitja, uns 5 quilòmetres i mig, i he trigat... 54 minuts i 23 segons! La mitjana és horrorosa, però s'ha de tenir en compte que m'he parat constantment a prendre imatges de vídeo i a fer fotos, i que tota la pujada a la glacera l'he feta caminant.

Començo el descens per la neu, torno a passar per les pedres i el fang i passo per l'arribada en una hora i 36 minuts. Paro a beure per estalviar aigua de la *camelback*, intento prendre una mica de mel, amb molts problemes perquè el pack s'ha congelat, i continuo cap a la segona part del recorregut, confiant que no sigui tan dura. En passar per la base xilena, entro al gimnàs per poder anar al lavabo, ja que ens havien dit que era l'únic lloc on ho podíem fer. Està estrictament prohibit fer les necessitats en plena natura a l'Antàrtida...

Perdo gairebé cinc minuts més, perquè ens fan descalçar per poder entrar, i segueixo el camí. Continua havent-hi pedres a dojo i molt fang, producte de les bones temperatures dels últims dies. De tota manera, ara neva una mica i sembla que fa més fred que quan hem sortit. El més important és que continua sense fer vent, que en l'última edició sembla que va ser el gran enemic dels participants. Arribo a la base xinesa i faig la volta. 32 minuts per tres milles. No està malament, si tenim en compte la parada a la base xilena...

Torno cap a la base russa i completo la mitja marató en dues hores i 39 minuts. En la parada per beure i canviar-me de guants, que estan xops, no sé què faig però trepitjo les ulleres i queden inservibles. Hauré de fer la segona mitja sense, però no fa sol. No crec que hi hagi problema.

Aquesta vegada sense parar-me tant, arribo al cim de la glacera en 46 minuts, 8 menys que en la primera volta. El descens, però, es fa més difícil, perquè la neu està tan trepitjada que és molt complicat baixar corrent. Els camins es fan cada vegada més impracticables i aviat m'adono que tothom camina a les pujades. Gairebé és inútil provar de córrer. Arribo a la base russa i només em queda repetir el segon bucle fins a la base xinesa i tornar. Són 6 milles, menys de 10 quilòmetres. Això està fet...

Trigo força més que en la primera volta perquè

camino molt i perquè m'entretinc a gravar imatges a la base xilena. Tot i això, no paro de passar gent. La duresa de la prova es nota a les cares, però tothom està animat esperant el moment de l'arribada.

Per fi, veig la pancarta final. Entro amb la càmera de vídeo engegada i miro el crono: 5 hores, 36 minuts i 24 segons. Gairebé 8 minuts per quilòmetre de mitjana!!! L'emoció és molt gran. JA TINC EL SISÈ CONTINENT, EL MÉS DIFÍCIL DE FER! Em miro els peus i no em puc creure que hagi corregut a l'Antàrtida. El fang no deixa veure el color de les sabatilles. I jo que em pensava que correríem sobre neu...

El pulsòmetre em marca una mitjana de 141 pulsacions, i un màxim de 170, que correspon a la primera pujada a la glacera Collins.

Les dades generals de la cursa són significatives per entendre la particularitat d'aquesta marató. Tot i que el dia ha estat gairebé el millor que es pot trobar aquí, el guanyador de la marató, el nord-americà Darryn Zawitz, ha fet un temps de 3 hores, 49 minuts i 19 segons. El segon, el també nord-americà Michael Dukart, encara ha pogut baixar de les quatre hores: 3:59:38. L'alabès-mallorquí Jorge González de Matauco, l'autor del llibre «Filípides era vikingo», ha acabat en el lloc 40, amb 5 hores, 11 minuts i 54 segons, però també ha perdut molt temps fent fotografies. Jo he acabat en el lloc 66, d'un total de 177 classificats, l'últim amb més de 8 hores. Estic més que content amb el lloc i amb el temps, perquè sé que, si no hagués corregut amb les dues càmeres i no m'hagués parat tantes vegades, hauria fet uns tres quarts d'hora menys. De fet, les imatges gravades en vídeo són de 35 minuts, i s'ha de comptar tot el temps que es perd parant, traient els guants, baixant les cremalleres, posant en marxa la càmera...

Amb tres quarts d'hora menys hauria pogut acabar entre els 20 primers, però això per mi no té cap importància. Prefereixo haver fet les imatges i poder-les mostrar quan torni.

Pel que fa a la mitja marató, només l'han fet 35 persones. La primera a arribar ha estat, curiosament una dona, Jane Serves, una de les organitzadores del viatge, amb una marca de 2 hores i 13 minuts. El segon, i per tant el primer home, ha estat un xilè resident a la base cièntifica. Es diu Sergio Cuadra i ha fet un temps de 2 hores i 20 minuts. Com es veu, si algun corredor català té ganes de guanyar una mitja marató... ja sap on ha d'anar!

William Tan ha trigat 5 hores i 50 minuts a fer els aproximadament 21 quilòmetres amb la seva cadira de rodes, que em sembla que deu haver quedat inservible...

L'experiència ha estat brutal. Suposo que me n'adonaré passats uns dies, però la sensació d'haver corregut "al cul del món" és absoluta».

El pas dels anys no ha canviat aquella visió que tenia mentre deixava enrere el continent gelat. A la meva companya Rosa probablement no li ha quedat tan bon record de l'experiència. Es va trobar malament al vaixell, i allà la va envair una mena d'angoixa complicada d'explicar. Evidentment, no és un lloc per no trobar-se bé, perquè la sensació d'aïllament del món complica les coses.

Arribats a Ushuaia, vaig disputar la marató que em faltava per entrar en el selecte grup dels Set Continents. En aquell moment, la llista no arribava a les 200 persones en tot el món...

La «Maratón del Fin del Mundo» és una marató petita, mig de camí de terra i mig d'asfalt. Se surt de la Bahía Lapataia, en ple parc natural de la Tierra del Fuego, on comença la famosa carretera transcontinental, que creua les dues Amèriques i que es coneix com la Panamericana. Surt de la Terra del Foc i arriba fins a Alaska...

Tot i que només feia vuit dies que havia fet la marató de l'Antàrtida i que, evidentment, en el vaixell no havia pogut entrenar, vaig fer la marató en menys de 4 hores i, el que és més important, vaig rebre, a més de la medalla, el diploma que m'acreditava com a membre del «Seven Continents Club». Encara avui surto a la llista de la seva pàgina web, i van tenir el detall de posar-me «Catalonia» com a país d'origen, cosa que lamentablement no passa massa sovint...

Arran d'aquest viatge a les terres australs, vaig fer una bona amistat amb el Jeremy Trinidad i la Linda Rigney, un matrimoni nord-americà que aleshores tenia fixada la residència a Filadèlfia. Ara ell viu a Suïssa i ella a Florida, casada de nou.

En el vaixell de l'Antàrtida, el Jeremy i la Linda em van parlar de la marató de Filadèlfia i em van dir que no era una marató com les Nova York o Boston, però que estava molt bé, i que, evidentment, si em decidia a anar-hi m'acollirien a casa seva amb els braços oberts.

Doncs dit i fet. Nou mesos després de l'experiència antàrtica, vam agafar l'avió amb la Cristina, que encara no feia mig any que era la meva parella, i ens vam plantar a Filadèlfia. Vaig conèixer una marató nova, que vaig córrer des del principi fins al final al costat del Jeremy, i vaig refermar la meva convicció que aquesta seria la meva dèria personal durant tota la vida, al marge de la feina: córrer maratons per tot el món, conèixer gent i buscar nous reptes.

EL PROJECTE OLÍMPIC

Haver entrat al Club dels Set Continents, haver corregut tres maratons seguides, haver celebrat els 42 anys i 195 dies fent una marató amb els meus amics, haver estat a l'Antàrtida i al Sàhara o haver fet la cinquantena marató a Atenes, són records que m'omplen de satisfacció, però em faltava un repte diferent, una fita única, alguna cosa que «no hagués fet ningú». Arran de l'ambient olímpic que vaig viure a Atenes el 2002, se'm va acudir una idea. Ja que m'agradava tant voltar, veure món i córrer maratons, i m'apassionava el tema del Jocs Olímpics, per què no intentava la col·lecció de les maratons de totes les ciutats olímpiques?

Vaig repassar el meu historial i vaig veure que, al marge de Barcelona, havia corregut a Londres, Hèlsinki, París, Atlanta i Atenes. Només 6 de les 22 ciutats olímpiques, si hi comptava Pequín, acabada de designar seu dels Jocs del 2008...

Hi havia, doncs, molta feina a fer. Era un projecte a llarg termini. L'avantatge era que, només fent-ne una o dues d'olímpiques a l'any, a la llarga acabaria completant la col·lecció, ja que de Jocs només n'hi ha uns cada quatre anys, i encara moltes ciutats són repetides. En aquest sentit, la designació de Londres per als Jocs del 2012 em va permetre guanyar quatre anys més en el meu projecte.

La meva setena ciutat olímpica seria Seül. Així aprofitaria per anar a visitar el meu nebot Jordi, que se n'havia anat a treballar feia uns anys a Corea del Sud.

Seül va ser també la meva primera marató asiàtica, cosa que més tard em va facilitar l'accés al selecte club dels Set Continents.

Va ser una marató amb pluja durant tot el recorregut. Potser no m'hi trobava des del meu debut, 20 anys enrere, a Nova York. Havia fet la marató del Sàhara tres setmanes abans, o sigui que el contrast era dels grossos. El fet de veure que el 99 per cent dels corredors del meu voltant eren orientals també era una cosa nova per a mi. Només de tant en tant, quan em trobava amb el meu nebot Jordi en els punts acordats del recorregut, sortia de la *bombolla* en què estava corrent.

Vaig arribar a l'Estadi Olímpic, seu dels Jocs del 88. Impressionant. Per un error de càlcul amb el meu nebot, que va perdre més temps del compte en el metro, no tinc la foto del moment de l'entrada a l'Estadi. Vam calcular que va fer tard per un minut...

Tampoc no tinc la foto de l'arribada. Vaig buscar-la com

un boig durant dies al web de la marató i, per alguna avaria estranya, hi havia un lapsus de 5 minuts sense fotos... que corresponia a la franja en què vaig entrar jo. Vaig fer 3 hores i 27 minuts. Les úniques fotos que tinc de la marató de Seül, doncs, són les que em va fer el meu nebot Jordi en alguns carrers, sota la pluja.

El record de l'Estadi, però, el tinc ben present. Un cop més em vaig preguntar per què Barcelona sacrifica l'arribada al seu Estadi Olímpic en benefici de les marques. Penso que una ciutat olímpica ha de continuar mostrant al món per sempre el seu tresor. El problema de l'Estadi Lluís Companys és el lloc on està construït, però crec que, almenys un cop cada quatre anys, la marató de Barcelona hauria de tornar a l'Estadi Olímpic. El record de Barcelona 92 s'ho mereix...

Un any després de la marató de Seül, la primavera del 2004, vaig afegir dues maratons a la meva col·lecció olímpica, primer Roma i després Estocolm.

La marató de Roma tenia ganes de conèixer-la perquè, per la seva ubicació geogràfica i en el calendari maratonià, la considerava la competència més clara de la marató de Barcelona. Curiosament, com Barcelona, ha renunciat a acabar a l'Estadi Olímpic, però vaig poder comprovar que els romans havien construït una molt bona marató, amb un circuit turístic molt interessant, i 7.500 corredors acabats, quan Barcelona continuava sense superar la barrera dels

3.000 i seguia barallant-se per trobar un recorregut interessant tant per als de casa com per als de fora.

Un tant per cent molt gran dels carrers de la marató de Roma tenen llambordes, i això és un greu inconvenient a l'hora de córrer. De tota manera, vaig arribar al Colosseu, una altra arribada emblemàtica, en 3 hores i 23 minuts, una marca que no he tornat a fer des d'aleshores, i que probablement ja queda fora del meu abast.

Tres mesos després vaig anar a Estocolm. Començava l'època dels vols de baix cost i, amb una combinació Girona-Charleroi i Charleroi-Estocolm, em vaig plantar a Suècia per quatre duros. Cinc anys després, vaig repetir aquesta marató, ja amb un vol directe des de Girona.

La marató d'Estocolm em va impactar. El recorregut, l'ambient, l'organització, la lluminositat i la bellesa de la ciutat al mes de juny... Només una cosa em va trencar els esquemes: l'horari de la marató. Com la majoria de maratons nòrdiques, s'inclinen per posar-la el dissabte a la tarda. Aquesta, però, començava a les dues del migdia, una hora en què el cos em demana dinar més que no pas córrer...

No m'esperava que a Suècia pogués fer tanta calor, però el cert és que el sol cremava, i en els últims quilòmetres vaig tenir rampes als bessons, símptoma clar de deshidratació. Vaig fer 10 minuts més que a Roma, però vaig quedar satisfet de conèixer una marató de les més importants d'Europa, amb pràcticament 10.000 acabats, i de sumar la novena ciutat olímpica al meu historial.

La desena es mereixeria un capítol a part. Va ser tot un descobriment. Havia llegit coses molt bones de Berlín, però no m'acabava de creure que, en tant poc temps, la capital alemanya hagués situat la seva marató al capdavant d'Europa, en dura competència amb Londres.

Va ser, també, la primera marató que vaig fer amb la Cristina. Quin debut! Va descobrir aquest món i va trobar genial això d'anar amb el metro amunt i avall, fer fotos i donar-me l'avituallament personal. L'ambient la va impactar i la vaig haver d'advertir que no totes les maratons eren iguals. Tindria, evidentment, moltes ocasions de comprovar-ho. Dels 30.000 participants de Berlín als 14 de les illes Verges hi ha una mica de diferència...

Berlín ho té tot. Han fet una Nova York a l'europea. Organització, recorregut, ciutat, ambient... i final emblemàtic a la Porta de Brandenburg. Aquí també renuncien a l'Estadi Olímpic, però no crec que fos possible fer-hi entrar els 35.000 corredors que hi ha actualment.

Berlín, a més, té fama de ser la marató més ràpida del món. El senyor Gebrselassie ho pot certificar. Jo penso, però, que és una marató bona per fer marca només pels sub 3 hores. Per a la resta ho considero pràcticament impossible. És una cursa massa massificada i es perd moltíssim temps en els avituallaments, que normalment són només en una banda del recorregut. És inevitable aturar-se i, evidentment, si vas a un ritme molt al límit de les teves possibilitats, les parades per agafar els gots te'l trenquen totalment.

Tot i això, en aquella meva primera participació a Berlín vaig aconseguir baixar de les 3 hores i mitja, que és el que anava a fer. Em vaig haver de *posar les piles* al final i acabar a 4:40 en els últims quatre o cinc quilòmetres, perquè no havia pogut restar de cap manera el temps perdut en els avituallaments i en les parades amb la Cristina. No havia vist mai com, en el quilòmetre 40 d'una marató, encara em veia obligat a reduir el ritme en un viratge a causa de la gran quantitat de corredors que hi havia. Passar la porta de Brandenburg abans de creuar la línia d'arribada és un altre dels moments emblemàtics de la meva carrera maratoniana.

La següent marató olímpica seria la d'Amsterdam, la número 11 i, per tant, la que marcaria l'equador d'aquesta col·lecció tan particular. Ignoro si hi ha algú més al món que se l'hagi plantejada...

Mirant calendaris, anava fent una mica les previsions dels viatges, però em preocupava un fet. Hi havia una ciutat olímpica, Anvers, que no tenia marató. N'havia tingut en el passat, i fins i tot havia estat famosa, ja que Derek Clayton hi va fer el rècord del món el 1969, amb una marca de 2:08:33.

Vaig indagar per què no existia la marató d'Anvers. Em

vaig sumergir a internet i vaig enviar correus electrònics a mig Bèlgica. Només vaig poder saber que els organitzadors se n'havien cansat i que no hi havia cap indici que mai ningú més es decidís a organitzar-la. Tant podia ser que sí com que no...

Vaig aparcar el tema d'Anvers, confiant que, un dia o altra, la marató es recuperaria, i em vaig centrar en les altres que em faltaven.

La d'Amsterdam em va quedar ficada dins d'un altre projecte que se'm va acudir: córrer cinc maratons en cinc caps de setmana consecutius. D'això ja en parlaré més endavant, però l'holandesa era la segona d'aquesta bogeria i, per tant, la primera que corria set dies després de l'anterior, que havia estat la del Mediterrani.

La marató d'Amsterdam comença i acaba a l'Estadi Olímpic. No té el renom de la de Rotterdam, però a mi em va agradar. Tenia una participació similar a la de Barcelona, amb poc més de 3.000 corredors, i moltes zones verdes en el recorregut.

No vaig tenir problemes per acabar per sota de les 4 hores, tot i haver fet una altra marató el diumenge anterior, i vaig poder celebrar que ja tenia la meitat del projecte olímpic enllestit.

Amb la Cristina vam descobrir que, uns mesos més tard, la primavera del 2007, farien el musical *Cats* en un teatre d'Amsterdam. Com que ella no l'havia vist mai, de seguida ho vaig tenir decidit: tornaríem a Holanda a la primavera i mataríem dos ocells d'un tret: veuríem *Cats* a Amsterdam i jo faria la marató de Rotterdam, que és molt a prop i es disputa per aquelles dates.

Quan ja tenia feta la inscripció per a Rotterdam, un dia, remenant per internet, gairebé m'agafa un infart. Una pàgina d'atletisme belga deia: «Le marathon d'Anvers renait de ses cendres». No m'ho podia creure. La marató olímpica que no existia, la que em treia el son, renaixia de les seves cendres i es tornava a celebrar. Vaig mirar la data i em vaig quedar de pedra: la setmana després de Rotterdam. Però no em podia arriscar a deixar-la passar. I si la cosa no funcionava i la tornaven a suspendre? No. L'havia d'agafar al vol. Ja havia fet altres vegades dues maratons tan seguides. Faria Rotterdam, veuríem *Cats* a Amsterdam, i després correria a Anvers. La dotzena olímpica!

I així ho vam fer. Tot i la proximitat geogràfica de Rotterdam i Anvers, vam tornar a casa entre una marató i l'altra. Entre altres coses, havíem organitzat una festa per celebrar les meves primeres 75 maratons. El número rodó es va completar a Rotterdam, en una marató que passarà a la història per les altíssimes temperatures, que van acabar amb les existències d'aigua als avituallaments i van fer prendre a l'organització la precipitada decisió de suspendre oficialment la prova..., encara que després es va respectar la classificació de tots els corredors que van completar la marató.

Tornant a casa vam organitzar la festa per celebrar les meves primeres 75 maratons. Ho vam fer al restaurant *Jota Jota*, de Sallent, regentat des del 1988 pels meus amics Joan i Joana. Evidentment, no podia triar un lloc millor. Allà ens vam ajuntar gairebé un centenar d'amics i em vaig adonar que sóc un home afortunat.

Després del patiment de Rotterdam i de l'alegria de la festa de les noces de platí maratonianes, em vaig plantar a la línia de sortida d'Anvers amb l'únic objectiu d'acabar la cursa com fos. La nova marató estava inclosa dins d'una gran festa de curses de distàncies més curtes i una marató per relleus. Això va fer que la prova fos molt més concorreguda del que m'esperava d'una marató nova en el calendari.

Va fer un dia perfecte per córrer. Res a veure amb el que m'havia trobat set dies abans a Rotterdam... a quatre passes d'Anvers.

El final va ser emocionant, amb catifa roja inclosa, al bell mig de la bonica ciutat flamenca. Ves per on, acabava d'afegir a l'historial la marató que em pensava que em faria la guitza en el meu projecte!

I ja *només* me'n faltaven deu. En realitat, mai no m'he posat data per a la finalització d'aquest projecte olímpic, perquè el calendari tampoc no ho feia gaire fàcil, a causa de la concentració de maratons olímpiques en les mateixes dates. Moscou i Mont-real, per exemple, són el mateix dia, i Ciutat de Mèxic pocs dies abans.

Per sort, el projecte m'ha agafat en una etapa de la meva carrera maratoniana en què no em preocupa gaire haver d'encadenar maratons pràcticament seguides. Així, l'estiu del 2007 vam planificar amb la Cristina unes noves vacances *maratonianes*. Aniríem a Mèxic i al Canadà i jo faria les maratons de Ciutat de Mèxic i Mont-real. Per acabar-ho d'arrodonir, només un mes més tard afegiríem Munic a la llista. La «triple M» em permetria arribar al número 15.

La marató de Mèxic va ser molt complicada de preparar. La data, 26 d'agost, obligava a entrenar-se a ple estiu. A més, com cada any, el juliol l'havia de passar treballant al Tour de França, amb molt poca disponibilitat per córrer. Em preocupava també l'altitud de Ciutat de Mèxic i, evidentment, no em podia permetre el luxe d'anar-hi unes setmanes abans per aclimatar-me.

Tornant del Tour, doncs, em va tocar *posar-me les piles* i buscar les primeres hores del dia per entrenar. A més, vaig fer unes quantes escapades a Igualada, on l'atleta Roger Roca, un dels pocs maratonians d'elit catalans, tenia una màquina d'hipòxia per acostumar el cos a córrer en altitud. Vaig fer unes quantes sessions respirant l'aire com si estiguéssim a 2.000 o 3.000 metres, i ho vaig complementar amb un entrenament *de veritat* a Vallter 2000.

Vaig marxar a Mèxic un parell de dies abans que la Cristina perquè ella, per la feina, no podia viatjar fins al dissabte, i jo trobava molt arriscat córrer una marató a més de 2.000 metres d'altitud amb només unes hores d'aclimatació a la ciutat.

Vaig arribar el dijous i vaig recordar les sensacions i les olors del Districte Federal, on havia estat durant el Mundial de futbol del 86 i després un parell de vegades de vacances. Passejant per la ciutat em feia una mandra terrible pensar que el diumenge havia de córrer una marató allà. Em preocupaven l'alçada, la contaminació, el *jet lag*, la falta d'entrenament... Però era una ciutat olímpica i s'havia de fer! Estava disposat a arribar al Zócalo ni que fos en cinc hores...

La Cristina va arribar amb retard dissabte a la nit. Això ens va confirmar l'encert d'haver viatjat jo uns dies abans.

Aquella nit pràcticament no vam dormir, a causa d'una festa que hi havia a l'hotel. La marató, a més, començava a les 6 del matí, i era negra nit quan, amb unes sensacions estranyíssimes, ens vam llevar per anar a la sortida.

La Cristina estava una mica amoïnada per haver-me de fer el seguiment en metro sense haver-s'hi pogut familiaritzar prèviament, i en una ciutat que ni tan sols havia vist de dia. L'atzar, però, va jugar a favor nostre i ens va posar al davant una parella mexicana que ens seria d'una gran ajuda. A la típica pregunta de «ens pots fer una foto si us plau?» va seguir un altre clàssic: «d'on sou?», i a partir d'aquí, la noia, que es deia Nora, es va oferir a acompanyar la Cristina perquè ella també faria el seguiment del seu company, l'Héctor. Casualment, el xicot volia fer també unes quatre hores, com jo, o sigui que les dues noies podien anar juntes. El seu millor coneixement del metro de Mèxic i dels barris que podien resultar poc recomanables ens va fer descartar la planificació que jo havia preparat i, definitivament, ens vam posar a les mans de la Nora. L'Héctor, a més, corria la marató amb el telèfon mòbil, o sigui que podíem estar en contacte permanent amb la Nora i la Cristina per saber si ja havien arribat al lloc convingut i si eren a la dreta o a l'esquerra.

Vaig sortir, doncs, amb el meu nou amic, que es va quedar de pedra quan li vaig comentar la quantitat de maratons que havia fet i li vaig explicar el meu projecte de les ciutats olímpiques. Ell només havia corregut un parell de vegades la marató de la seva ciutat i prou, i mai no havia baixat de les quatre hores.

Després de deixar enrere l'imponent Zócalo, encara de nit, vam començar el recorregut per una ciutat que jo coneixia prou bé. Mai m'havia afectat l'altitud de la ciutat per passejar-hi, però ignorava què passaria corrent-hi la marató.

La veritat és que no sabria dir si em va perjudicar molt o poc. Com que tampoc no estava en forma, i s'hi havien d'afegir altres imponderables, com el *jet lag* i la contaminació de la ciutat, no va ser gens estrany que se m'anessin acabant les forces a la segona meitat del recorregut, fins al punt que vaig haver d'animar l'Héctor perquè anés a la seva i em deixés enrere. Mai no sabré si va ser l'altitud o un cúmul de circumstàncies.

En el quilòmetre 37 em vaig trobar la Cristina sola, perquè l'Héctor ja feia una estona que havia passat i la Nora havia marxat amb el metro cap a l'arribada. Em faltaven 5 quilòmetres i anava molt lent, potser a 7 minuts el quilòmetre. Aleshores li vaig proposar a la Cristina si volia venir amb mi, trotant, en lloc d'agafar el metro cap al Zócalo. Primer es va quedar parada. No estava preparada per córrer, encara que, per sort, portava sabatilles d'atletisme. De cop, però, va dir «som-hi» i es va posar a córrer al meu costat. Ens vam anar intercanviant la motxilleta que portava, afortunadament força buida perquè ja no hi quedaven vitualles. Durant aquells 5 quilòmetres, la Cristina va poder viure l'ambient del tram final d'una marató i sempre diu que aquell dia va entendre per què els corredors sempre diem que la marató té 42 quilòmetres i 195 metres, perquè la recta final, després del cartell del quilòmetre 42, no s'acabava mai...

Vam arribar junts al Zócalo i tot seguit ens vam retrobar

amb els nostres amics mexicans, als quals, evidentment, vam convidar a sopar. S'ho havien ben guanyat. El famós Salón Tenampa, ple de «mariachis», va ser testimoni del naixement d'una relació que encara perdura. Espero que l'Héctor i la Nora vinguin a Barcelona per córrer amb mi la marató número 100.

Després d'unes inoblidables vacances a Mèxic, dues setmanes després prenia la sortida a la marató de Mont-real, una altra ciutat olímpica. El meu estat físic no permetia pensar en massa «floritures» i fins i tot la idea de baixar de quatre hores em semblava agosarada. La «Venganza de Moctezuma» m'havia atacat de ple i m'havia deixat sense forces. Vaig sortir, doncs, amb l'única intenció d'acabar dignament.

D'aquella marató recordo, bàsicament, el pas pel circuit de fórmula 1 *Gilles Villeneuve*, i una pujada força pronunciada cap a la part alta de la ciutat, però, sobretot, el que més em va sorprendre va ser el fet que l'Estadi Olímpic, seu dels Jocs del 1976, l'havien cobert, i no tenia cap pista en el seu interior. Després de creuar la línia d'arribada en 4 hores i 17 minuts, em va faltar temps per enviar-li un missatge a l'Andreu Ballbé, que en aquells Jocs del 76 va disputar la prova dels 800 metres.

Cinc setmanes després vaig fer la tercera marató olímpica seguida. Va ser a Munic, seu dels Jocs del 72. No és com la

Arribada de la primera marató, a Central Park de Nova York, el 23 d'octubre del 1983.

Primera marató completada a Barcelona. Arribada al Parc de la Ciutadella, amb el Josep Martínez Gea, el 15 de març del 1987.

Amb el Joan Mas a la Marató de Calvià, el 13 de desembre del 1987.

Passant per l'actual punt d'arribada de la Marató de Barcelona, a l'avinguda Maria Cristina, el 13 de març del 1988.

La primera marató per sota de les tres hores: 2:58:29, a Calvià, l'11 de desembre del 1988.

La millor marca de totes: 2:53:06, a Sevilla, el 27 de febrer del 1994.

Entrant a l'Estadi Olímpic Lluís Companys amb el Domingo Catalán (57), l'Amado Hernández (12) i el Manuel López (43), el 19 de març del 1995.

L'arribada de la Marató del Sàhara, el 24 de febrer del 2003.

Corrent la Marató de l'Antàrtida, el 26 de febrer del 2005.

Entrenament amb Haile Gebrselassie, plusmarquista mundial de marató, a Granollers, el 4 de febrer del 2006.

Entrenament amb Samuel Wanjiru, plusmarquista mundial de mitja marató i campió olímpic de marató, i amb Martín Fiz, campió mundial de marató, a Granollers, el 2 de febrer del 2008.

Amb les cinc medalles del «repòquer» de maratons corregudes en cinc diumenges seguits, entre el 8 d'octubre i el 5 de novembre del 2006 (Mediterrani, Amsterdam, Chicago, Washington i Nova York).

Arribada de la marató de Ciutat de Mèxic, al Zócalo, amb la Cristina, que va fer els últims quilòmetres amb mi (26 d'agost del 2007).

Corrent la marató del Beaujolais al costat de Jesucrist el 17 de novembre del 2007, una autèntica festa de disfresses similar a la marató del Medoc.

A la plaça Roja de Moscou, després de fer la marató el 14 de setembre del 2008.

Abans de començar la marató de Pequín, el 18 d'octubre del 2009, envoltat de xinesos a la plaça de Tiananmen.

de Berlín, però tenia una participació d'uns 7.000 corredors. El recorregut combina zones verdes allunyades del centre amb els carrers més populars, inclosa la famosa Marienplatz, i, com no podria ser d'altra manera, la marató acaba a l'interior de l'Estadi Olímpic, un dels més coneguts del món, no tant per l'atletisme sinó pel futbol. Qui no recorda el Mundial del 74, amb la famosa final Alemanya-Holanda? I els partits del Bayern de Munic com a local? Actualment, però, l'equip s'ha traslladat a l'Alianz Arena, i vaig atribuir a això el canvi de color dels seients de l'Estadi, que ja no són vermells, com em sonava haver vist sempre, sinó verds.

Una curiositat d'aquella marató va ser l'avituallament extra de cervesa en el tram final del recorregut, ja molt a prop de l'Estadi Olímpic. Evidentment, una bona manera de contribuir a fomentar un dels aspectes més turístics de Baviera.

La meva col·lecció olímpica va continuar l'abril del 2008 amb la marató de Saint Louis, una assignatura que m'havia quedat pendent dos anys abans per culpa d'una lesió al bessó, una de les experiències més tristes de la meva carrera maratoniana. M'havia fet una contractura a la mitja marató de Gavà unes setmanes abans i, per no respectar els períodes de recuperació, em vaig fer un trencament a la mitja de Montornès. Amb tot el viatge als Estats Units muntat i les meves vacances i les de la Cristina concedides, vam fer el viatge igualment, tot i que en el fons jo ja era conscient que no podria córrer. Tot i això, ho vaig provar i vaig anar a la sortida. Només vaig aguantar una milla. Vam tornar a l'hotel amb un sentiment estrany tots dos. Abandonar no és una experiència gaire agradable. Vuit dies després, vaig tornar a provar de sortir a Boston. Allà vaig aguantar fins al quilòmetre 6... i el bessó es va tornar a trencar.

Tot això em va servir d'experiència. Afortunadament, les lesions sempre m'havien respectat i potser per això em vaig comportar com un principiant. En la tercera part del llibre parlarem de les lesions i d'un dels pecats més freqüents del corredor: la negació del problema.

Dos anys després, doncs, d'aquella trista experiència, em vaig arrencar l'espina a Saint Louis. Vaig fer un viatge *llampec*, sol, sense la Cristina, perquè ens va semblar que no valia la pena tornar a esmerçar temps i diners en una ciutat que tampoc no té atractius massa especials, excepte l'imponent arc al costat del riu Mississipí.

El recorregut de la marató de Saint Louis no té res a veure amb la dels Jocs Olímpics del 1904. Han passat més de 100 anys i, evidentment, la ciutat ha canviat moltíssim. Ara es fa una marató moderna, amb un circuit convencional, amb sortida i arribada al centre de la ciutat, passant per la majoria dels barris. És una marató modesta, de menys de

2.000 participants, però és una ciutat olímpica i vaig poder aprovar l'assignatura a la segona!

La següent estació va ser Moscou, una ciutat que certament no deixa indiferent. Com que sempre m'ha agradat matar dos ocells d'un tret, vam decidir amb la Cristina que aprofitaríem aquesta marató per fer després el recorregut clàssic del Transsiberià, potser el tren més famós del món. Jo ja ho havia fet vint anys abans, el 1988, però aleshores no es podia arribar fins a Vladivostok, que era pràcticament una ciutat militar.

A Moscou ens vam allotjar en un apartament força cèntric, perquè els preus dels hotels són certament prohibitius. Ens vam familiaritzar aviat amb el metro, una de les meravelles de la ciutat, tot i que aquesta vegada a la Cristina no li calia utilitzar-lo per seguir-me en la marató... Curiosament, tot i que Moscou és una ciutat enorme, el recorregut de la marató se centra en un tram molt curtet, al costat del riu Moscova, a tocar de les muralles del Kremlin. Sense moure's de lloc, la Cristina em va poder veure córrer quatre o cinc vegades. De tota manera, potser hauria preferit moure's una mica, ja que es va pelar de fred!

La sortida i l'arribada són molt fotogèniques, estan situades al costat mateix de la famosa catedral de Sant Basili, a la plaça Roja.

La fresqueta i la pluja intermitent, que van ser un inconvenient per a la Cristina, a mi em van anar bé i, tot i que no havia pogut aconseguir encara un bon nivell de forma, ja que la marató era el 12 de setembre, vaig poder acabar en menys de 4 hores.

L'endemà de la marató vam marxar cap a l'estació i va començar l'aventura del Transsiberià, una experiència recomanable per a tothom. Potser no tant per als maratonians que volen córrer cada dia, perquè això sí que és impossible... Aprofitava les parades a les estacions per saltar a l'andana i moure'm una mica, perquè m'esperaven, de seguida, les maratons de Berlín i del Llac Ness!

Com en el 2007 i el 2008, el 2009 també vaig planificar les vacances pensant en la col·lecció de maratons olímpiques. De fet, feia temps que se m'havia ficat al cap la idea d'anar a Austràlia la tardor del 2009, aprofitant el meu cinquantè aniversari, i celebrar-ho amb unes bones vacances i dues maratons olímpiques... que finalment van ser tres perquè hi vaig afegir també la de Pequín!

Les dates de les curses de Sydney i de Melbourne en el calendari maratonià eren perfectes per a aquest projecte, ja que estan separades per tres setmanes..., les que jo aprofitaria per fer les vacances amb la Cristina en una terra fascinant.

Primer vaig córrer a Sydney, una marató que té un recorregut molt ben pensat, tot i que oblida el seu recent passat olímpic per centrar-se en els emblemes més turístics que pot oferir la ciutat al viatger que ve de lluny o als mateixos australians: el pont de Harbour, on hi ha la sortida, i l'arxifamós edifici de la Sydney Opera House, fotogènic lloc per situar-hi la línia d'arribada.

Per la resta, el recorregut és molt agradable perquè hi ha molta zona verda. Això sí, el qui busqui marca que se'n vagi a un altre lloc. De rampetes n'hi ha unes quantes, i en els avituallaments s'hi perd més temps del compte perquè gairebé no queda altre remei que aturar-s'hi, si un es vol hidratar correctament.

Tres setmanes i molts quilòmetres de turisme i pocs d'entrenament després, em vaig plantar a la línia de sortida de la marató de Melbourne, ciutat seu dels Jocs del 1956, els últims abans del meu naixement. Contràriament al que m'esperava, va ser una marató fàcil. Va fer un dia molt bo, assolellat però amb un aire net i fresc, ideal per córrer. Tot i que en els quilòmetres finals vaig notar clarament la pèrdua de la forma, vaig fer quatre minuts menys que tres setmanes abans a Sydney, i vaig poder gaudir d'una altra arribada especial, a l'interior de l'immens Melbourne Cricket Ground, o MCG, com diuen ells, un estadi dels més grans del món, amb capacitat per a més de 100.000 espectadors.

Només una setmana després, i per posar fi a unes meravelloses vacances, em situava a la majestuosa línia de sortida de la plaça de Tiananmen, per fer una altra marató olímpica, en una de les ciutats més importants del món, Pequín. Va ser tota una experiència, envoltat de corredors xinesos, que em miraven encuriosits. Certament, la Xina encara és un país molt tancat.

M'ho vaig passar molt bé a la segona meitat del recorregut. Les cames m'anaven soles i, una vegada més, vaig poder comprovar que el cos s'adapta perfectament a les distàncies i que no s'ha de tenir por de córrer maratons molt seguides, contràriament al que pensa la gent. La clau està en el ritme. No s'ha de tenir pressa, i al final les sensacions acostumen a ser molt bones. Sense haver-me proposat res en concret, vaig fer les tres maratons per sota de les 4 hores, com quan vaig fer el «repòquer».

Per completar la col·lecció olímpica em queden només les maratons de Los Angeles i Tòquio, i ara també la de Rio de Janeiro, nomenada seu dels Jocs del 2016. Madrid haurà d'esperar...

Aquesta col·lecció estarà sempre oberta, ja que penso córrer en cada ciutat olímpica nova que no tingui en el meu historial.

CAMÍ DE LES 100 MARATONS

Amb el projecte de les maratons olímpiques molt avançat, altres objectius, reptes i viatges m'han anat acompanyant en els últims anys i tot plegat m'ha situat a les portes de les 100 maratons completades. La fita de la marató centenària serà el 7 de març del 2010 i, com no podia ser de cap altra manera, l'escenari serà la ciutat de Barcelona, envoltat de tots els meus amics.

Serà un moment emotiu, en què segur que em vindran al cap episodis de les 99 maratons anteriors, on he viscut tantes i tantes emocions de tots colors.

Recordaré, per exemple, la marató del Mont-Saint Michel, un altre escenari fotogènic, però que per a mi té un record molt especial. La vaig córrer el 2006, dos mesos després del meu intent frustrat de Saint Louis i Boston, a causa de la lesió al bessó. Quan es creua la línia d'arribada d'una marató després d'haver superat una lesió, sempre es viu una sensació molt emotiva. Les llàgrimes et vénen als ulls i recordes la frustració provocada per la lesió i les setmanes de ràbia i tensió acumulades.

Al Mont-Saint Michel em vaig tornar a sentir maratonià i em vaig treure un pes de sobre, tot i que potser em vaig precipitar en córrer aquesta bonica marató, encara, com aquell qui diu, convalescent de la meva lesió al bessó esquerre.

Curiosament, mesos més tard tindria pràcticament la mateixa lesió... al bessó dret. Això va ser tornant de fer un altre dels meus grans reptes, el de les cinc maratons en cinc diumenges consecutius.

Va ser la tardor d'aquell mateix 2006. La idea la vaig acabar de lligar durant el Tour, i en les poques estones mortes que et deixa la feina d'enviat especial en una prova com la cursa ciclista francesa. Vaig tancar les inscripcions a les maratons del Mediterrani, Amsterdam (l'única que formava part del projecte olímpic), Chicago, Washington i Nova York. Pel mig hi havia un altre projecte personal, un curs intensiu d'anglès de tres setmanes a Nova York, per intentar millorar el meu domini d'aquest idioma, un objectiu que encara ara em sembla totalment impossible...

La inscripció de Chicago se'm va resistir molts dies. Estaven absolutament tancades i només s'hi podia accedir per «tour-operador» oficial i no n'hi havia cap ni a Catalunya ni a Espanya. Vaig escriure *emails* a totes les agències europees de la llista de la pàgina web, demanant una inscripció i prou, perquè no podia fer el viatge des d'Europa perquè jo ja seria als Estats Units, fent el meu curs d'anglès.

Em van contestar d'una agència belga dient-me que els sobrava un dorsal, i que si els enviava en 24 hores l'import corresponent, ja em podia donar per apuntat. Dit i fet. El que vaig anomenar com a «repòquer maratonià» quedava programat.

L'aventura va començar a casa, a la marató del Mediterrani, que vaig fer amb molta cautela, just per sota de les quatre hores. Amsterdam m'esperava la setmana següent. Allà vam coincidir amb una bona colla de catalans, inclosos l'exfutbolista Luis Enrique, el fisioterapeuta Emili Ricart, que diuen que és el meu doble, i Víctor Gonzalo, l'exciclista convertit en atleta de nivell. La marató la vaig fer sense problemes i vaig entrar a l'Estadi Olímpic amb un minut menys que el diumenge anterior al Canal Olímpic de Castelldefels.

Després d'aquesta marató, la Cristina va tornar cap a casa i jo vaig volar cap als Estats Units. Em vaig establir al barri novaiorquès de Queens, a casa d'una família equatoriana, i vaig començar les classes d'anglès a l'acadèmia situada al sisè pis de l'Empire State, l'edicifi més emblemàtic de Manhattan. Vaig fer algun petit entrenament, un dels quals em va portar a les instal·lacions de Flushing Meadows, i el dissabte vaig agafar un vol cap a Chicago, per fer la tercera marató consecutiva. Va fer un fred intens, uns 5 graus durant tota la marató, i vaig retallar un minutet més a la marca d'Amsterdam. No m'havia proposat objectius de temps en aquest «repòquer», però ara em veia obligat a intentar baixar un minut més a Washington i un altre a Nova York...

Amb la marató de Chicago vaig completar un nou repte en el meu historial maratonià, que m'havia passat desapercebut. Des de feia uns anys, s'havia creat la «World Marathon Majors», una mena de «challenge» amb les cinc maratons teòricament més importants del món: Nova York, Boston, Chicago, Londres i Berlín. Doncs bé, amb la de Chicago completava la meva col·lecció particular.

Però em quedaven dues maratons més per completar el «repòquer» que m'havia proposat. Igualat el «hat trick» de dos anys enrere, a partir d'ara era una incògnita saber com reaccionaria el meu cos. El dissabte següent, completada la segona setmana de classes d'anglès, vaig agafar un tren a la Pennsylvania Station de Nova York cap a la capital nordamericana. Ja havia corregut la marató de Washington dos anys abans. És una marató especial, la Marine Corps Marathon, i la corren molts militars de tot el país, alguns dels quals no tenen precisament cossos de corredors de fons...

Aquesta vegada no vaig rebaixar un minut la marca precedent, sinó dos. Jo mateix estava sorprès de com s'adaptava el cos a córrer maratons cada diumenge...

Vaig tornar a Nova York dilluns a primera hora i vaig

començar els meus últims tres dies de classes, amb una certa decepció, ja que em vaig adonar que havia progressat molt poc en el domini d'aquest idioma, que sembla que no aconseguiré dominar mai...

A mitja setmana van arribar la Cristina i els seus pares i vaig deixar de ser un resident a Queens per convertir-me, una vegada més, en un turista a Manhattan.

La cinquena marató va ser un èxit. Sense la por d'haver de retenir-me ni guardar res per a la setmana següent, a la segona meitat em vaig deixar anar i vaig començar a avançar corredors a riuades. A Central Park el rellotge marcava 3:48, cinc minuts menys que a Washington. Havia aconseguit completar les cinc maratons consecutives, totes per sota de quatre hores, i millorant el temps en cadascuna.

Portat per aquesta eufòria, el diumenge següent, ja a casa, vaig anar a la mitja marató de Castellbisbal... i em vaig lesionar el bessó dret, que es veu que se sentia gelós de l'esquerre, que l'any anterior m'havia fet la guitza a Saint Louis i Boston. Aquesta vegada, les «víctimes» van ser les maratons de Lisboa i Bergamo, que tenia programades i, evidentment, no vaig poder córrer.

Afortunadament, aquestes dues lesions de bessó han estat les úniques relativament serioses de la meva carrera maratoniana. A part d'això, molèsties als tendons d'Aquil·les més o menys intenses i para de comptar.

Això ha fet que pogués continuar el meu camí cap a les 100 maratons, una fita que, evidentment, no és res de l'altre món, però que sí que m'omple de satisfacció i orgull.

El camí cap a la marató centenària del març del 2010 m'ha permès continuar coneixent maratons exòtiques, com la Santa Claus Marathon, que es disputa a la ciutat lapona de Rovaniemi, a Finlàndia. La particularitat d'aquesta marató és que la sortida la dóna l'*autèntic* Pare Noel, just a la línia del Cercle Polar Àrtic. La Cristina em va acompanyar i va córrer la cursa de 12 quilòmetres, que va del Cercle Polar directament a Rovaniemi, per ara la distància més gran que ha corregut mai.

De moment, aquesta marató de Santa Claus és la marató més al nord del meu historial, però no descarto afrontar algun dia el repte de la marató del pol Nord, que potser aviat no es podrà disputar, ja que la capa de gel sobre l'oceà Àrtic s'està aprimant de manera alarmant.

Però, per marató exòtica, la que vaig fer el primer dia de l'any 2008 a les illes Verges nord-americanes. Passa per ser la primera marató que es fa a l'any en tot el món, ja que la sortida és a les 5 de la matinada del dia de Cap d'Any. És una sensació molt curiosa, aquesta de començar a córrer una marató a les fosques, amb la típica calor i humitat de la zona caribenya, sabent que és el dia 1 de gener...

Per primera vegada a la meva vida vaig acabar una

marató entre els deu primers classificats, en concret vaig ser el novè. La cosa no té cap mèrit, i fins i tot es podria dir que la meva classificació va ser mediocre, ja que... només érem catorze corredors!

Sempre m'ha agradat combinar les maratons més convencionals amb les que tenen alguna particularitat remarcable. Així, en els últims anys he corregut a Berlín, València, Sant Sebastià, París, Empúries, Florència i, evidentment, a Barcelona, però també he «tastat» maratons com la de la Platja del Mar del Nord, a Dinamarca, que es disputa en línia recta, de sud a nord, a la sorra de la platja de la península de Jutlàndia, i també he anat a visitar el famós monstre del llac Ness, en una marató que combina l'espectacular natura del llac amb l'arribada a la ciutat d'Inverness.

Aquesta és la gràcia de les maratons. Totes tenen 42 quilòmetres i 195 metres, però no n'hi ha cap d'igual. El que sí que tenen en comú és que, siguin on siguin, els participants afronten la distància amb una emoció especial als ulls, que només podem entendre els *bojos* de la marató. I és que estic convençut que tots correm per ser feliços...

TERCERA PART

ELS CONSELLS D'UN MARATONIÀ CENTENARI

Qui pot córrer? Jo diria que pràcticament tothom. Més ràpid o més lent, qui més qui menys està capacitat per trotar durant una estona més llarga o més curta. Les condicions congènites i l'entrenament i dedicació determinaran el nivell de cada corredor.

És molt important, però, assegurar-se que no hi ha cap impediment físic que desaconselli la pràctica d'aquest esport, que, d'altra banda, és el més bàsic de tots. Per això, tots els manuals d'atletisme recomanen una exhaustiva revisió mèdica quan una persona ha decidit que es dedicarà a córrer. Una prova d'esforç és la millor manera de saber que el cor està bé i que no hi ha cap contraindicació que pugui posar en perill la salut del corredor novell. Naturalment, a banda del cor s'han d'examinar altres aspectes, sobretot en gent que ha practicat segons quins esports, que poden haver deixat seqüeles en tendons i articulacions. És freqüent arribar al món del córrer després d'haver jugat durant molts anys a futbol, fins i tot amb operacions de genoll més o menys greus. És el metge qui ha de determinar si s'està en condicions de dedicar-se a l'atletisme de fons, encara que sigui a un ritme molt baix...

Si no hi ha cap impediment físic, tothom pot considerar que té possibilitats de dedicar-se a córrer. Si s'està una mica passat de pes, precisament el fet de córrer de manera regular facilitarà la pèrdua d'aquests quilos de més...

A partir d'aquí, tot ha de ser molt progressiu i gradual. No es pot pretendre córrer una marató al cap de quinze dies d'haver començat a córrer, ni baixar dels 40 minuts en els 10 quilòmetres al cap d'un mes...

És de lògica que el cos s'ha d'anar adaptant a la nova situació. Com menys pressa hi hagi per progressar, millor. Anar massa ràpid comporta un risc seriós de lesions, o fins i tot de deixar-ho córrer al cap de poc temps.

El més recomanable seria començar per córrer un parell o tres de dies a la setmana i fer-ho per sensacions, sense obsessionar-se ni en el ritme ni en la durada de les sortides. De mica en mica, el cos s'anirà adaptant i aviat s'aconseguiran distàncies i velocitats que setmanes abans haurien semblat impossibles.

El nou corredor agafarà gust a córrer i, probablement, descobrirà les curses populars. S'apuntarà amb cert temor a una de 5 quilòmetres i aviat s'atrevirà a debutar en una de 10. A partir d'aquí, tot anirà molt més ràpid. Coneixerà gent, s'enamorarà del cronòmetre, parlarà de ritmes, temps i fins i tot sèries, i ja afrontarà les curses amb la idea de millorar la marca. Aviat es fixarà l'objectiu de córrer una mitja marató, i en l'horitzó començarà a aparèixer el gran mite dels corredors: la marató.

És en aquesta fase quan el corredor prendrà consciència que córrer ja forma part de la seva vida, i, sense saber com, l'entrenament es convertirà en el seu amic inseparable. La recerca del mètode perfecte, la panacea que li permeti millorar les marques, serà com una obsessió.

Els experts diuen que la millora de marques dura aproximadament una dècada, durant la qual el corredor buscarà per tot arreu, llegirà, escoltarà, compararà el seu entrenament amb el dels altres, demanarà consells als corredors més veterans..., tot per intentar esgarrapar alguns segons al cronòmetre.

Després d'entrenar i competir durant més de 25 anys, intentaré exposar la meva experiència, però abans de res he de fer un advertiment: la panacea, aquell entrenament perfecte que garanteix els millors resultats, no existeix. I encara una altra evidència: no hi ha dos corredors iguals. El que funciona per a un, no té per què fer-ho per a un altre. Cadascú ha d'aprendre dels seus propis errors, però la clau és descobrir quin tipus d'entrenament s'adapta millor a les característiques de cada corredor. I això només s'aprèn amb el temps.

ELS SECRETS DE L'ENTRENAMENT

A partir del moment en què el corredor ocasional ha passat a ser un habitual de les curses de fons i, sobretot, quan ha fet el salt a la distància de la mitja marató, veu la necessitat de planificar els entrenaments d'una manera metòdica, deixant de banda l'anarquia dels primers temps.

Però és en el moment en què un corredor es converteix en maratonià quan el mètode d'entrenament, el «planning», esdevé del tot imprescindible. Alguns es poden permetre contactar amb un entrenador, d'altres busquen plans en llibres, revistes o per internet, i últimament també ha sorgit la possibilitat d'unir-se a grups d'entrenament, alguns molt ben assessorats per entrenadors de prestigi, gràcies als webs del món de l'atletisme que es troben per la xarxa.

De llibres i revistes amb plans d'entrenament per fer la marató en qualsevol temps n'hi ha a cabassos. Fins i tot exatletes professionals d'altíssim nivell han escrit llibres amb plans d'entrenament per als corredors populars.

Al meu parer, la majoria dels plans, i sobretot els que porten la firma d'un entrenador o atleta d'elit, són massa exigents. El concepte d'entrenament per a un atleta de nivell, que pràcticament només viu per córrer, no pot ser mai el mateix que el d'un atleta popular, que ha de treure temps de sota les pedres per compaginar els entrenaments amb la seva vida personal, professional i familiar.

Moltes vegades, el cos del corredor popular no pot assimilar la càrrega de quilometratge i de sèries dels plans d'entrenament excessivament exigents, ja que no té el temps suficient per descansar i assimilar aquests entrenaments. I molt sovint això acaba en lesió o en decepció.

Jo sempre dic que hi ha un sistema infal·lible per saber si el pla d'entrenament que s'està seguint és adequat o no. Si el fet d'anar a entrenar i fer la sessió que està programada provoca ansietat i desgana, malament rai. L'entrenament ha de fer il·lusió. Correm perquè ens agrada, no per obligació. Naturalment, qualsevol pla d'entrenament per a marató comporta sessions exigents, per llargues o per dures, però mai no pot ser una tortura per al corredor.

La clau és la combinació de sessions. No es pot tornar a fer un entrenament complicat si el cos no s'ha recuperat de l'anterior sessió.

La majoria d'entrenaments del maratonià popular han de ser aeròbics, és a dir, a un ritme en què les pulsacions no pugin per sobre del llindar, i que no facin treballar el múscul amb deute d'oxigen.

No vull convertir aquesta part del llibre en un manual teòric. Suposo que la majoria de lectors estan prou familiaritzats amb aquests conceptes. Prefereixo parlar de coses pràctiques i entenedores, basant-me en la meva experiència d'aquests més de 25 anys.

Com deia, la majoria de sessions han de ser aeròbiques. Excepte per als corredors que baixen de 3 hores a la marató (4:15 el km), o d'una hora i 24 minuts en la mitja (4 minuts el km), que, tot sigui dit, cada vegada són menys, amb una sessió setmanal de qualitat n'hi ha prou, sobretot si el diumenge es disputa alguna cursa. La resta d'entrenaments han de ser rodatges suaus, amb alguna tiradeta una mica llarga de tant en tant i prou.

L'entrenament de qualitat pot ser de sèries sobre una distància concreta o amb canvis de ritme per temps.

En realitat, com més variades siguin les sessions de qualitat, molt millor. Fer cada setmana les mateixes sèries pot resultar molt avorrit.

Ara veurem una mica més esquemàticament els diferents conceptes de l'entrenament d'un maratonià popular.

Rodatge

Com he dit abans, el rodatge ha de ser la base d'un pla d'entrenament d'un maratonià de més de 3 hores. Consisteix a córrer a un ritme relativament fàcil, més lent fins i tot que el ritme de marató, durant una distància mínima de 7 o 8 quilòmetres i màxima de 16 o 18. Més enllà de l'hora i mitja d'entrenament ja ho considerarem com una tirada més llarga que un entrenament de rodatge.

Evidentment, cal començar a un ritme més lent que la mitjana que es vol portar, i quan el cos ja està prou calent mantenir més o menys la velocitat prevista, que variarà en funció de les pujades i baixades. Jo acostumo a accelerar progressivament quan entro a l'últim terç de l'entrenament, i torno a afluixar en els últims 5 o 10 minuts.

És un entrenament que s'ha de fer amb relativa comoditat. És difícil precisar aquí les pulsacions òptimes, perquè això depèn de l'edat del corredor i de les seves característiques particulars, però, en el meu cas, que ja sóc un corredor de 50 anys, em moc al voltant de les 140 pulsacions. No acostumo a passar mai de 150.

Jo diria que la meitat d'entrenaments de la setmana haurien de ser així, sobretot quan ja s'ha superat l'etapa de millora de marques i no fa falta afinar tant la velocitat.

Tirada llarga

La tirada llarga té les mateixes característiques que el rodatge però, evidentment, durant més estona. Podríem dir que d'una hora i mitja cap endavant. Sobre la importància d'aquest tipus d'entrenaments en el maratonià, hi ha moltes teories. Antigament es creia que la tirada llarga era molt necessària, i els plans d'entrenament incloïen sessions setmanals de més de 30 quilòmetres.

Sobretot els americans eren molt partidaris d'aquest tipus d'entrenaments, que es feien sempre a un ritme extremadament lent. Ells ho van batejar com a LSD (*long slow distance*).

Ara sembla que les teories han canviat, i els plans moderns no inclouen sessions de més de 30 quilòmetres. Fins i tot n'hi ha que es queden en 25 com a màxim, i molts entrenadors opinen que és molt millor fer menys quilòmetres i més ràpids, que no pas castigar-se durant dues hores i mitja o tres a ritmes molt lents.

Aquest tema l'he parlat repetidament amb molts maratonians durant la meva carrera i hi ha opinions per a tots els gustos. Jo mateix he provat tots els sistemes, i se'm fa difícil determinar quin és el millor. Últimament no arribo mai als 30 quilòmetres, però suposo que ara ja tinc tant fons acumulat que no necessito tantes tirades llargues.

L'última teoria que he vist al respecte parla de dividir la tirada llarga en dues «semillargues» consecutives. És a dir, en lloc de fer 30 quilòmetres en un dia i descansar el següent, fer-ne 20 un dia i 16 l'endemà. El total és superior (36) i el ritme també ha de ser una mica més fort. La veritat és que ho he provat alguna vegada i va força bé.

De tota manera, hi ha molts maratonians que no es veuen segurs davant de la marató si no han fet tirades de 25, 27, 30 o fins i tot 32 quilòmetres les setmanes precedents. Potser és un tema més psicològic que físic.

Si hagués de donar algun consell diria que és millor no fer una tirada llarga cada setmana, sinó cada dues, i que en alguna es pot provar aquest sistema dels dos dies consecutius. Les setmanes alternes n'hi ha prou amb una tirada de 18 o 20, o córrer alguna mitja marató a ritme de marató.

Sèries

Les sèries provoquen encara més discussions que les tirades llargues. Es poden fer de moltes maneres, i cada entrenador té les seves teories.

Jo no en sóc, d'entrenador, però fa un quart de segle que corro i la meva conclusió és clara: per a un maratonià popular no val la pena fer sèries de 200 o 400 metres. És una velocitat que mai no s'utilitzarà en cursa, encara que, evidentment, augmentarà el llindar anaeròbic. Una altra cosa és que, a més de preparar la marató, es vulgui fer una bona marca en 10 quilòmetres, però si el que es prepara és la marató, crec que les sèries ideals són de 1.000, 2.000 i 3.000 metres, que són les que acostumen el cos a aguantar una bona estona a ritmes forts, però no de velocitat pura. Potser no es farà mai un 10.000 al màxim nivell possible, però aquests 10 km de cursa serviran també com un entrenament anaeròbic per a la marató, com una sèrie llarga, per entendre'ns.

En els últims quinze anys de la meva carrera maratoniana he optat per fer sèries de 1.000, 2.000 i 3.000 metres, i he considerat les curses de 5 km (molt poques) i les de 10 (molt sovint) com un entrenament de qualitat. Com a exercicis amb puntes de velocitat superior simplement hi incorporo alguna sessió de *fartlek* mexicà, extreta d'un pla d'entrenament de Roger Roca. Es tracta de córrer uns 20 minuts d'escalfament i tot seguit començar els canvis d'aquesta manera: 9 minuts ràpids, 8 minuts lents, 7 ràpids, 6 lents, 5 ràpids, 4 lents, 3 ràpids, 2 lents, 1 ràpid, i finalment uns 10 minuts lents per recuperar i eliminar tot l'àcid làctic que s'hagi pogut quedar al cos. Surt un entrenament d'una hora i quinze minuts, que en el meu cas suposa uns 14 quilòmetres, variat, distret i molt útil. Jo recomanaria de fer-lo cada quinze dies durant la preparació d'una marató.

També es poden fer sessions de canvis de ritme regular, és a dir, dos minuts ràpids i un minut lent, per exemple, i, lògicament, *fartleks* més irregulars que el mexicà que he explicat.

Un altre tema controvertit és la manera com s'ha de fer la recuperació entre sèries. Hi ha qui ho fa trotant i qui opta per baixar les pulsacions aturat i caminant una mica. Particularment, quan faig sèries per distància acostumo a fer la recuperació aturat, mentre que quan faig canvis de ritme per temps, evidentment combino córrer ràpid amb córrer lent. I pel que fa al temps de recuperació, com més en forma estic més l'escurço. El pulsòmetre ens pot ajudar a veure amb quant de temps baixem suficientment de pulsacions per poder tornar a engegar.

El que està clar és que la varietat de les sèries, per temps o per distància, fa més divertit el *planning* setmanal, però insisteixo que un dia a la setmana és més que suficient, excepte per als corredors de cert nivell.

També en conec algun de prou bo que diu que no fa mai sèries. Simplement canvia el ritme en funció de les sensacions de cada dia. I és que, com he dit, hi ha tantes opinions com corredors...

En qualsevol cas, penso que el tema no ha de ser una obsessió i que sí que s'ha de tenir la capacitat per canviar l'entrenament previst si notem un excés de cansament o desgana. Sempre s'ha d'escoltar el cos.

Un exemple de pla

Ja he dit que la panacea no existeix, i que no hi ha un pla d'entrenament que pugui garantir el millor resultat possible per a cadascú. Però molts corredors m'han preguntat al llarg de la meva vida quin és el pla que més bé m'ha anat. Em fa una mica de por posar un exemple massa concret perquè, a més, els temps avancen i les teories canvien, però, perquè no sigui dit, us explicaré el mètode que vaig fer servir l'any 1994 per preparar la marató de Sevilla, i després la de Lisboa, i que, al cap i a la fi, han estat les dues més ràpides de la meva vida amb dues hores i 53 minuts. Era un pla per baixar de 3 hores, tot i que a mi em va servir per esgarrapar-hi alguns segons més. No recordo exactament d'on el vaig treure. Suposo que d'alguna revista o d'algun llibre, però era un pla molt equilibrat i que, curiosament, incorporava setmanes de gairebé descans total, que servien per anar assimilant les càrregues.

És un pla antic, que potser molts entrenadors consideraran que està més que superat, però el poso a tall d'exemple i perquè vegeu que no passa res si, a pocs dies d'una marató, s'incorpora alguna setmana amb molt poc quilometratge i amb molts dies de descans.

Era un pla de 10 setmanes, amb 6 sessions setmanals i un dia de descans. Les tres primeres setmanes constaven de 3 sessions intercalades (dilluns, dimecres i divendres) de 15 quilòmetres de rodatge a 4:40. El dimarts es feia una primera part de l'entrenament lenta (uns 5 km) i després una part forta, que era de 6 km la primera setmana, 7 la segona i 8 la tercera, amb un parell de quilòmetres suaus per acabar. El dijous hi havia sis sèries de 1.000 metres, recuperant dos minuts parat, mirant de fer-les cada setmana una mica més ràpides. El dissabte es feia la tirada llarga, que en aquesta primera fase era de 18 km. I evidentment, el diumenge es descansava. També es podia reposar el dissabte i fer la tirada el diumenge.

Després d'aquestes tres setmanes, el pla n'incorporava una de recuperatòria, extremadament suau. Només s'havia de córrer, dia sí i dia no, uns 8 km molt lents, i el diumenge hi havia un test de 20 quilòmetres o la possibilitat de córrer una mitja marató.

La cinquena setmana començava la segona part del pla, molt més exigent. Constava de tres setmanes i l'estructura era idèntica a la de les tres primeres, però els rodatges de 15 quilòmetres dels dilluns, dimecres i divendres s'havien de mirar de fer a 4:25 aproximadament. L'entrenament de dimarts, per a mi el més difícil, mantenia els 5 km d'escalfament i després 8 la primera setmana, 9 la segona i 10 la tercera, intentant que sortissin per sota de 4 minuts el quilòmetre, i evidentment els 2 km finals de refredament. El dijous es mantenien les sis sèries de 1.000 metres, i la tirada llarga del cap de setmana era de 20 km la primera setmana, 25 la segona i 30 la tercera, al ritme «creuer» de 4:25.

Superades aquestes tres setmanes, absolutament bàsiques per a l'èxit del pla, hi tornava a haver una setmana «light», amb sessions recuperatòries alternades amb descansos totals, i un nou test sobre 20 km o mitja marató el diumenge.

Ens plantàvem així a la novena setmana, que repetia l'estructura de la setena, però amb 20 quilòmetres de tirada llarga en lloc dels 30.

La desena setmana, la de la marató, mantenia el ritme de 4:25 en totes les sessions, que anaven baixant de quilometratge: 15 dilluns, 12 dimarts, 10 dimecres, 8 dijous, 6 divendres, descans dissabte... i la marató diumenge, en principi programada per córrer-la a un ritme entre 4:10 i 4:15, encara que a mi em va sortir a 4:06 a Sevilla i a 4:07 a Lisboa...

Insisteixo que això no és cap panacea. És simplement un exemple de pla d'entrenament per baixar de 3 hores. A mi em va anar bé, però reconec que és un pla exigent, que potser molta gent no podria assimilar. Jo mateix vaig intentar repetir-lo posteriorment i no el vaig aguantar.

Un pla més assequible

Ja he advertit que no volia posar-me en la pell d'un entrenador. De plans d'entrenament, se'n troben avui dia a tot arreu, i tothom pot provar de seguir el que cregui que s'ajusta més a les seves característiques.

Però no voldria que l'únic pla concret que surti en aquest llibre sigui un pla *sub 3 hores*, quan actualment són una minoria els corredors populars que corren tan de pressa les maratons. Per això, m'atreviré a suggerir un esborrany de pla *sub 4 hores*, pensant en els corredors que pensen en la primera marató i en els que no tenen prou temps per preparar-la com voldrien.

El primer dubte és establir la durada del pla i els dies d'entrenament setmanal. Sempre he pensat que per afrontar una marató amb garanties s'ha de córrer un mínim de cinc dies la setmana durant tres mesos, però tenint en compte que molta gent no disposa de gaire temps per compaginar els entrenaments amb les seves obligacions personals, miraré de proposar una mena de *4 més 1*, és a dir, quatre sessions *obligatòries* i una d'opcional, que pot ser una mena de *descans actiu* o un rodatge molt suau amb els fills o la parella, o fins i tot una altra mena d'activitat esportiva, com anar amb bicicleta, nedar o passejar pel bosc...

Farem que el pla tingui catorze setmanes, uns tres

mesos, i alternarem un diumenge de competició amb un de tirada llarga. El dissabte serà el dia d'entrenament opcional o familiar, i dels cinc dies feiners n'entrenarem tres i en descansarem dos. Només un dels tres entrenaments serà de *qualitat* i deixarem llibertat per decidir quins dies descansem, en funció de les possibilitats de cadascú. A tall d'exemple, jo posaré descans els dilluns i els dijous.

També veureu que alterno els entrenaments per temps i per distància. Tenint en compte que és un pla per baixar de quatre hores, penso que el més important és acumular quilometratge sense massa obsessió pel ritme, és a dir, no cal estar pendent en tot moment del cronòmetre ni s'ha de córrer sempre per terrenys mesurats. Moltes vegades és millor sortir a córrer amb la intenció de fer una hora o una hora i quart, i sense saber ben bé per on passarem. Això descarrega molt de pressió i evita estar constantment pendents de si anem prou ràpids. Correrem per sensacions. Ja hi haurà altres sessions, i evidentment les competicions, en què el cronòmetre tindrà el seu protagonisme.

Setmana 1. Dimarts, una hora suau. Dimecres, una hora, però intercalant 20 acceleracions d'un minut ràpid, combinades amb un minut lent. Podeu deixar uns 10 minuts per davant i 10 per darrere i ja us quadrarà. Divendres, 70 minuts suaus. Dissabte, entrenament opcional o familiar. Diumenge, 18 km entre 5:30 i 6:00 el quilòmetre.

Setmana 2. Dimarts, una hora suau. Dimecres, un *fartlek* mexicà. Recordeu que consisteix en 20 minuts lents, 9 forts, 8 lents, 7 forts, 6 lents, 5 forts, 4 lents, 3 forts, 2 lents, 1 fort i 10 lents. Surt una hora i quart d'entrenament. Divendres, 70 minuts suaus. Dissabte, entrenament opcional o familiar. Diumenge, competició. Si és una mitja, sortiu lents i aneu accelerant fins a la vostra velocitat *de creuer*. Si és una cursa de 10 km, escalfeu durant 20 o 25 minuts i feu-los tan ràpid com pugueu. Així tindreu una referència per veure l'evolució de la forma.

Setmana 3. Dimarts, una hora suau. Dimecres, sis sèries d'1 km entre 4:45 i 5:05, recuperant entre 2 i 3 minuts parats, caminant o trotant una mica. Cal fer uns 20 o 25 minuts d'escalfament per davant i de refredament per darrere. Divendres, 75 minuts suaus. Dissabte, entrenament opcional o familiar. Diumenge, 20 km entre 5:30 i 6:00.

Setmana 4. Dimarts, una hora suau. Dimecres, 10 minuts d'escalfament, 15 canvis de dos minuts forts i un minut lent, i 10 minuts lents per acabar. Divendres, 75 minuts suaus. Dissabte, entrenament opcional o familiar. Diumenge, competició, preferentment de 10 km. A partir d'aquí, és millor que les competicions que es facin en aquestes últimes setmanes siguin només mitges maratons.

Setmana 5. Dimarts, una hora suau. Dimecres, un *fartlek* piramidal, que consisteix en 15 minuts d'escalfament,

1 minut ràpid, 1 minut lent, 2 ràpids, 2 lents, 3 ràpids, 3 lents, 4 ràpids, 4 lents, 3 ràpids, 3 lents, 2 ràpids, 2 lents, 1 ràpid i 10 lents. Divendres, 70 minuts suaus. Dissabte, entrenament opcional o familiar. Diumenge, tirada de 22 km entre 5:30 i 6:00.

Setmana 6. Dimarts, una hora suau. Dimecres, tres sèries de 2 km, entre 4:50 i 5:10, recuperant tres minuts. Divendres, 75 minuts suaus. Dissabte, entrenament opcional o familiar. Diumenge, competició de mitja marató o test en solitari sobre la mateixa distància, al voltant de 5:30 el quilòmetre.

Setmana 7. Dimarts, una hora suau. Dimecres, una hora amb 10 canvis de 3 minuts ràpids, seguits d'un minut lent. Divendres, 70 minuts suaus. Dissabte, entrenament opcional o familiar. Diumenge, tirada de 24 km entre 5:30 i 6:00.

Setmana 8. Dimarts, una hora suau. Dimecres, 75 minuts suaus. Divendres, una hora suau. Dissabte, entrenament opcional o familiar. Diumenge, 75 minuts en progressió, acabant almenys a 5:15. Aquesta és una setmana més tranquil·la que la resta, destinada a recuperar una mica i assimilar els entrenaments.

Setmana 9. Dimarts, una hora suau. Dimecres, dues sèries de 3 km entre 5:00 i 5:15, recuperant tres minuts. Divendres, 75 minuts suaus. Dissabte, entrenament opcional o familiar. Diumenge, tirada de 27 km entre 5:30 i 6:00.

Setmana 10. Dimarts, una hora suau. Dimecres, *fartlek* mexicà. Divendres, una hora suau. Dissabte, entrenament opcional o familiar. Diumenge, competició de mitja marató com a test, buscant la millor marca possible. Per anar bé i tenir la seguretat de baixar de les 4 hores a la marató, hauria de sortir per sota d'una hora i 50 minuts.

Setmana 11. Dimarts, una hora suau. Dimecres, 7 sèries d'un quilòmetre, procurant que surtin una miqueta més ràpides que l'última vegada que les havíem fet. Divendres, 70 minuts. Dissabte, entrenament opcional o familiar. Diumenge, tirada de 30 km entre 5:30 i 6:00.

Setmana 12. Dimarts, una hora suau. Dimecres, 75 minuts suaus. Divendres, 70 minuts suaus. Dissabte, entrenament opcional o familiar. Diumenge, mitja marató a ritme de marató, entre 5:30 i 5:40.

Setmana 13. Dimarts, una hora suau. Dimecres, dues sèries de 4 km, la primera a 5:30 i la segona a 5:10, recuperant 4 minuts entre cada una. Divendres, 70 minuts suaus. Dissabte, entrenament opcional o familiar. Diumenge, 18 km a ritme de marató, entre 5:30 i 5:40.

Setmana 14. Dimarts, una hora suau. Dimecres, 45 minuts suaus. Divendres, 30 minuts suaus. Diumenge, la marató, procurant no sortir més ràpid del compte. Sobretot, prohibit anar a menys de 5:30 fins a la segona meitat!

Insisteixo que és un pla orientatiu. Jo no sóc entrenador,

però penso que amb un pla similar a aquest es pot fer la marató per sota de les 4 hores i, el que és important, sense patir massa.

Si la marató que es prepara és la de Barcelona, es pot aprofitar la gran quantitat de mitges maratons que ens ofereix el calendari de gener i febrer per fer-hi les tirades llargues. És un truc que va molt bé sobretot si es té pànic a córrer sol durant tanta estona. Es fan abans de la mitja els quilòmetres que faltin i després es disputa la cursa, però sense deixar-nos portar per l'eufòria. És a dir, no perquè portem un dorsal hem d'oblidar que estem fent la tirada llarga d'entrenament.

Descans i massatge

Un dels aspectes més controvertits de la teoria maratoniana és de quants dies per setmana ha de constar un pla d'entrenament. Hi ha entrenadors que aconsellen córrer els 7 dies de la setmana i d'altres que garanteixen la capacitat d'acabar una marató simplement amb 3 dies. Personalment, les dues coses em semblen una mica exagerades. Jo considero que un maratonià s'ha d'entrenar 5 o 6 dies la setmana. Si s'entrena cada dia, evidentment hi haurà d'haver un parell de dies de «descans actiu», és a dir, un entrenament molt curt i molt suau, que simplement ajudi a la recuperació i regeneració muscular.

Si reviso els entrenaments dels meus 25 anys de maratonià veig que el sistema que més he fet servir és el de 6 sessions setmanals i un dia de descans, que normalment intento situar l'endemà del dia que m'he fet un massatge. Així els músculs l'assimilen molt millor.

Els massatges són cars i no tots els corredors se'ls poden permetre, però jo recomanaria que durant la fase més forta de preparació per a la marató, s'intentés incorporar-ne almenys un cada quinze dies. Conec corredors que no se n'han fet mai cap i no els ha passat res, però el massatge és una mesura ideal per prevenir lesions i per assimilar millor els entrenaments.

A banda del dia o dies de descans dins d'un pla d'entrenament, cal tenir en compte també el descans diari. Els experts diuen que s'haurien de dormir 8 o 9 hores, però ja sé que això a molts corredors populars els semblarà un acudit de mal gust. El dia només té 24 hores, i s'han de fer tants sacrificis per poder compaginar l'entrenament maratonià amb la vida personal, que normalment els números no surten i és del tot impossible descansar les hores que serien ideals per al nostre cos.

Per això recomano tant que, un cop superada la fase de millora de marques, tot s'ha de relativitzar més, i no cal obsessionar-se tant amb els entrenaments. Normalment, els corredors que menys descansen són els que més es lesionen. Escoltar el cos. Aquesta és la màxima infal·lible si es vol tenir una carrera llarga i amb poques lesions.

LES LESIONS, EL GRAN ENEMIC

No conec cap corredor popular, i d'elit encara menys, que no hagi tingut mai cap lesió. Sembla inevitable que, més tard o més d'hora, el corredor haurà d'aturar una temporada més o menys llarga la seva activitat per culpa d'algun problema físic més o menys greu. El nostre no és un esport traumàtic com, per exemple, el futbol, però la repetició de moviments i els milers d'impactes que reben diàriament les nostres articulacions acaben passant factura.

En la majoria dels casos, però, les lesions són evitables, perquè el cos acostuma a «avisar» quan té algun problema que pot desembocar en lesió. Escoltar el cos i, evidentment, utilitzar els principals mètodes de prevenció, haurien de ser les dues màximes principals del corredor. Vegem quins són aquests mètodes que poden minimitzar l'aparició de lesions.

Estiraments

Encara que campions de la talla de Domingo Catalán no han estirat mai (ell sempre diu que encara no ha vist cap cavall de carreres que faci estiraments), és fàcil d'entendre que la musculatura necessita una fase de retorn a la normalitat després de l'esforç. Tot i que també s'haurien de fer estiraments abans de començar, ara sembla que tots els entrenadors coincideixen que són molt més importants els exercicis que s'han de fer al final de l'entrenament que no pas els del principi. Això sí, no es pot començar a córrer de cop i volta, sense estirar, i a tota velocitat.

El dia que vaig tenir l'honor de compartir un entrenament amb el gran Haile Gebrselassie, el millor maratonià del món, em va sorprendre el ritme extremadament lent amb què va començar a trotar. Un home com ell, que pot córrer tranquil·lament per sota dels tres minuts per quilòmetre, comença a escalfar molt més lentament que qualsevol de nosaltres. Jo calculo que anava a més de sis minuts per quilòmetre. Això sí, va arrencar sense fer cap estirament i no va ser fins al cap d'un quart d'hora, quan els músculs ja estaven a punt, que es va aturar i va començar a fer exercicis. A continuació va començar l'entrenament pròpiament dit, i sempre en progressió.

És al final de l'entrenament quan s'han de fer els estiraments, aprofitant que el múscul està calent. Sempre cal fer-los amb suavitat, sense notar dolor i sense fer rebots. Simplement es tracta de facilitar a la musculatura el retorn a la normalitat i que no es quedi rígida després de l'esforç. Ho agrairem, sens dubte, l'endemà, en començar el següent entrenament.

Aquí caldria parlar d'altres exercicis gimnàstics complementaris a córrer, però en aquest sentit no m'atreveixo a donar consells perquè jo no ho he fet mai. La majoria dels plans d'entrenament parlen de la conveniència d'incorporar exercicis amb pesos, amb gomes i altres aparells, a més de fer abdominals i altres accions que puguin ajudar el cos a recuperar-se i a rendir al màxim nivell. Lògicament, els atletes d'elit necessiten aquest tipus d'entrenament perquè sempre estan a la recerca del rendiment màxim, i el seu esforç requereix tots els mètodes possibles per facilitar la recuperació. Ara bé, jo penso que els atletes populars en tenen prou amb uns quants estiraments i amb un pla d'entrenament adequat al seu nivell. Jo, personalment, no he trepitjat mai un gimnàs.

Plantilles i sabatilles

Un aspecte que sí que considero fonamental per a tots els tipus de corredors és el d'utilitzar plantilles personalitzades.

Tots tenim la nostra manera innata de córrer, i és evident que les plantilles uniformes que porten les sabatilles de córrer no s'adapten a tots els corredors.

Com en el cas dels massatges, estem davant d'un tema en què l'economia hi juga un paper important, ja que les plantilles personalitzades no són precisament barates. En qualsevol cas, penso que val la pena fer un esforç perquè unes bones plantilles són gairebé una garantia contra les lesions.

Afortunadament, hi ha bons podòlegs especialitzats a Catalunya, que poden aconsellar correctament el corredor. Jo fa molts anys que vaig tenir la sort de conèixer el Miquel Sánchez-Osorio, que desgraciadament ens va deixar abans d'hora. El seu fill Eduard, però, ha continuat amb la mateixa professonalitat i saviesa la feina del seu pare.

Pel que fa a les sabatilles, també és important assessorar-se per un expert, i aquí tampoc no en tinc cap dubte: la botiga del Domingo Catalán, a Barcelona, és el lloc ideal per trobar-hi el que cadascú necessita.

Més que no pas la marca, que crec que actualment totes són bones, s'ha de mirar molt el model. Hi ha les sabatilles d'entrenament, que són les que més protegeixen les articulacions perquè porten molt d'amortiment, les de competició, també anomenades «voladores», que són ràpides però que no porten gairebé res per minimitzar l'impacte, i les mixtes, que serveixen tant per a entrenaments ràpids com per a competicions.

En principi, les més pesants són les que s'han de fer servir per als entrenaments diaris, deixant les mixtes per a les sessions de qualitat i les competicions llargues, i les «voladores» només per a les curses de 10 quilòmetres com a molt. De tota manera, jo penso que aquestes sabatilles tan lleugeres només valen la pena si es corre per sota dels 4 minuts per quilòmetre i no es pesa més de 70 quilos, i sempre només per a curses curtes. Molta gent n'abusa i, com que porten molt poc amortiment, s'acaben lesionant.

També s'ha de tenir en compte la durada de les sabatilles. Molts corredors no les canvien fins que no estan destrossades de tot arreu i completament inservibles. El més prudent seria no arribar a aquest extrem perquè la majoria de vegades la sabatilla encara té un bon aspecte quan la sola i el sistema d'amortiment ja no estan en òptimes condicions. S'ha de mirar regularment el desgast de la sola, que, d'altra banda, també ens dóna pistes sobre la nostra manera de córrer, i ens pot orientar de cara a la compra de les noves sabatilles.

Hi ha gent que s'apunta els quilòmetres que fa amb cada parell de sabatilles per controlar quan s'han de canviar, però tampoc no hi ha una dada exacta en aquest aspecte. Evidentment, seria ideal no passar dels 1.000 quilòmetres... Però, com sempre, l'economia mana.

Escoltar el cos

El més important per prevenir les lesions, que sempre són inoportunes, és estar atent a tots els senyals que ens envia el nostre organisme, allò que es coneix com escoltar el cos. Si estem fent alguna cosa malament, si ens estem sobreentrenant, si utilitzem material inadequat, si no descansem prou, si estem estirant més el braç que la màniga..., tot això el cos ens ho dirà... si el sabem escoltar.

Un dels defectes més comuns en el corredor és la negació del dolor. El cos ens comença a enviar senyals però ens volem autoconvèncer que no passa res, que són simples molèsties que ja marxaran tal com han vingut. I no tan sols no parem sinó que forcem més la màquina. I aleshores és quan ens trenquem...

Si alguna part del cos, normalment el pubis, el genoll, el bessó, la cuixa, el tendó d'Aquil·les..., es queixa, és que passa alguna cosa. Si no fem cas del dolor i continuem entrenant com si no passés res, el més probable és que altres parts del cos es ressentiran del fet de córrer malament, per protegir la part que ens fa mal, i acabarem arrossegant el problema dies i dies. Sap greu aturar-se quan estem seguint un pla i falten pocs dies per a la marató, però el que no es pot fer mai és negar el dolor i continuar com si res. Una altra cosa és que, un cop consultat un fisioterapeuta, s'arribi a la conclusió que són simples molèsties per sobrecàrrega, i que es puguin solucionar amb un simple descans d'un o dos dies, o canviant de sabatilles. Si no és així, i hi ha la sospita que es pugui estar *incubant* alguna lesió important, és millor parar del tot.

També pot passar que no tinguem molèsties localitzades però que trobem que «no tirem». És a dir, que tenim dificultats per anar al ritme previst i que l'entrenament es converteix en una càrrega difícil de suportar, en lloc d'un dels moments agradables del dia. Això pot ser símptoma de falta de descans o de sobreentrenament.

Evidentment que hi ha dies millors que d'altres, però si acumulem dos o tres dies que notem que el cos no funciona i que tenim una sensació d'apatia, caldrà prendre-s'ho com un avís del nostre cos i s'haurà d'actuar igual que si tinguéssim una molèstia física localitzada.

Lesions més freqüents

Hi ha una colla de lesions i problemes físics que pràcticament tots els corredors tenen en un moment o altre de la seva carrera. Podem donar una ullada a les més freqüents:

La tendinitis d'Aquil·les és molt dolorosa i de recuperació molt llarga. Es pot evitar utilitzant les sabatilles adequades i, si convé, posant una petita alça al taló. Està molt bé fer exercicis de prevenció, estirant el tendó tot aprofitant un graó on ens puguem aguantar amb alguna cosa per no perdre l'equilibri. Cal posar la punta del peu a l'extrem del graó, deixar el taló a l'aire i baixar-lo al màxim, però després no tornar a pujar, sinó treure la punta del peu del graó i tornar-la-hi a posar. Uns quants exercicis d'aquests diàriament poden evitar que aparegui aquesta dolorosa lesió.

La periostitis tibial també és molt freqüent. Normalment passa si s'entrena molt en terrenys durs o amb sabatilles que ja no esmorteeixen l'impacte, cosa que provoca un excés de vibració del periost, que és la membrana que recobreix la tíbia. Evidentment, el remei és mirar d'entrenar sobre superfícies més toves (sempre és millor la terra que l'asfalt) i renovar convenientment les sabatilles.

També hi ha gent que té esquinços de turmell, encara que aquesta sembli una lesió més pròpia de futbolistes. Els més propensos a tenir-ne són els corredors que entrenen sovint per terrenys irregulars i amb moltes pedres. Aquí encara és més important utilitzar un calçat adequat, molt estable i amb molts reforços.

Els genolls també pateixen molt, sobretot si tenim mala alineació i no ho hem corregit amb plantilles adequades. Aquí insisteixo en la importància de visitar un podòleg especialitzat.

Les fractures per estrès són de les pitjors lesions que podem tenir, perquè, com en el cas de les tendinitis d'Aquil·les, la recuperació és llarga i dolorosa. Normalment, és una lesió que surt al cap de molt de temps de córrer en males condicions, sense tenir en compte l'absorció de l'impacte.

Contractures i trencaments fibril·lars als bessons o als isquiotibials, fascitis plantars, sobrecàrregues, dolors a l'engonal..., tot són pedres que anem trobant en el camí i que, en un moment donat, interrompen la nostra carrera maratoniana.

Trobar un equilibri entre un entrenament que ens permeti rendir al nostre màxim nivell i que no ens lesioni és l'assignatura clau del corredor popular, una assignatura que moltes vegades no s'aprova fins que no s'ha repetit curs unes quantes vegades...

El retorn després d'una lesió

A més del problema físic, la lesió provoca en el corredor un malestar emocional difícil d'explicar. El fet de no poder entrenar s'acostuma a traduir en una sensació de mal humor, que moltes vegades acaba perjudicant la relació amb la parella i amb la feina. El corredor té ganes de posar fi a aquesta situació i això fa que moltes vegades s'acabi tornant a l'activitat atlètica abans d'hora, i, és clar, el més fàcil és que hi hagi una recaiguda en la lesió. Això ens ha passat a tots, i, el que és més greu, més d'una vegada...

Per poder tornar a entrenar i a competir com abans de la lesió, cal tenir molta paciència. És millor pecar de prudent que precipitar-se. La lesió ha d'estar perfectament curada abans de tornar a córrer i, lògicament, el retorn ha de ser gradual, perquè la part del cos que teníem lesionada necessita una readaptació a l'exercici.

Moltes vegades, les lesions impliquen canviar els plans prèviament establerts i això sap molt greu, sobretot si en l'horitzó hi havia una marató. I no diguem si ja s'havia organitzat i pagat un viatge...

Però, malgrat tot, s'ha de tenir el cap fred, i recordar sempre que cal una readaptació progressiva, abans no puguem tornar a entrenar-nos com abans.

Per matar el «mono» i no perdre el to físic, molta gent recomana fer un altre tipus d'esport, sempre que sigui possible, durant la lesió i l'etapa de readaptació. Bicicleta, natació, caminar... Tot dependrà, és clar, del tipus de lesió.

Afortunadament, en la meva vida atlètica he tingut poques lesions, però han estat suficients perquè experimentés l'ansietat de no poder córrer, la frustració de veure que s'acosta un viatge programat i que no podré fer-hi les maratons que tenia previstes, la ràbia d'adonar-me que m'he precipitat en el retorn, i la segona ensopegada amb la mateixa pedra.

Davant de tot això, des de la meva experiència només puc recomanar dues coses: prudència i paciència. I recordeu que no s'acaba el món per haver de canviar els plans. Tenim tota la vida per córrer. No ho espatllem per culpa de la precipitació...

COM VÈNCER LA MARATÓ

S'acosta el gran dia. Després de mesos d'entrenament, de competicions que potser hem fet servir de test, d'il·lusions, de temors, de xerrades amb els companys, de dubtes perquè algunes molèsties, lesions o situacions personals ens han fet aturar o no ens han deixat seguir els plans preestablerts..., finalment la marató és cada vegada més a prop en el calendari i notem un pessigolleig incontrolable a la panxa.

Els dies previs a la marató provoquen un autèntic mar de dubtes en el corredor. M'he entrenat prou bé? Què faig aquests últims dies? Estic realment per fer la marca que m'he proposat? I si em poso un objectiu més modest? Surto pel meu compte o vaig amb les *llebres*? Començo amb prudència o vaig a sac des del principi i a veure què passa? I si plou? I si fa vent? Podré vèncer la marató o seré una víctima més de la seva duresa?

Naturalment, tots aquests interrogants disminueixen amb l'experiència. Quan un corredor ja és un veterà, quan té un grapat de maratons al seu historial, ja no es planteja moltes d'aquestes preguntes, però per experimentat que un sigui, sempre és difícil de vèncer aquest pessigolleig que augmenta a mesura que s'acosta el dia D. Podríem comparar la situació amb la d'un estudiant quan s'apropen els exàmens. Sempre hi ha el dubte de si s'ha estudiat prou i de si les coses sortiran bé. És difícil trobar-se amb casos de confiança absoluta en un mateix, i en el món de la marató també.

El més important és decidir quina marca s'intentarà fer i el més difícil és valorar exactament l'estat de forma del moment. Sens dubte, els entrenaments i les curses de les últimes setmanes ens serviran de paràmetres força objectius per saber com estem, però hi ha un mètode força bo, que últimament sempre faig servir quan falten 10 o 12 dies per a la marató. És el sistema que va crear l'antic plusmarquista espanyol Rodrigo Gavela, i que en l'argot maratonià es coneix com a *Test Gavela.* Consisteix a córrer dues sèries de 6 quilòmetres. La primera no és ben bé una sèrie perquè s'ha de fer al ritme al qual se suposa que es farà la marató, per tant molt còmode. La segona s'ha de fer amb el mínim temps possible i, aleshores, fer les comparacions. Segons les taules del test, la diferència entre la primera i la segona hauria de ser superior als 30 segons per quilòmetre per garantir que el ritme de la primera es pot aguantar durant tota la marató. Evidentment, tot és teoria, i el test no és garantia de res, però jo el faig servir per tenir una idea del meu estat de forma.

Al marge del que pugui dir un test puntual, una marató no deixa de ser un examen que arriba al final d'un llarg procés. Hem de pensar que, si ens hem entrenat bé, la marató ha de sortir bé, de la mateixa manera que si hem estudiat correctament tenim moltes possibilitats d'aprovar un examen.

Delimitar l'objectiu

Abans que res, hem de tenir molt clar quin és el nostre objectiu davant d'una marató. És a dir, què és el que nosaltres consideraríem com a *aprovar l'examen*. Des de guanyar la prova (una autèntica minoria), fins a simplement acabar-la, passant per fer marca o baixar d'un registre concret. Moltes vegades, el corredor es fixa diversos objectius. Igual que un estudiant sap que n'hi ha prou amb un aprovat però que pot treure un notable o un excel·lent, un maratonià acostuma a tenir un objectiu màxim, moltes vegades guardat en secret, i un altre amb el qual ja es conformaria. El problema és que moltes vegades es comença la marató al ritme per buscar aquest objectiu tan exigent..., i s'acaba no aconseguint ni tan sols l'aprovat.

El més difícil de la marató és conèixer exactament la marca que es pot *anar a buscar*, en funció de les condicions i l'estat de forma de cadascú. Això, naturalment, vol molts anys i moltes maratons d'experiència.

Normalment, els maratonians més prudents, els que es posen el llistó més baix, són els qui acostumen a tenir més èxits. La marató no perdona els massa ambiciosos, o almenys els que es posen objectius molt al límit del seu abast.

Lògicament, cal arriscar si es vol aconseguir una marca o un objectiu exigent, però el que s'ha de tenir molt clar sempre és que aquesta marca o aquest objectiu han de ser *factibles.* Està clar que no tots podem anar a buscar el rècord del món, ni el de Catalunya...

Saber *quina marca valem* en cada moment és el gran cavall de batalla del maratonià. A partir d'aquí, nosaltres fixem l'objectiu i, en funció de l'exigència, tindrem més o menys possibilitats d'èxit.

L'última setmana

Un cop arribats al final del pla d'entrenament i perfectament delimitat l'objectiu, és el moment de pensar en els petits detalls que poden ajudar que les coses surtin com desitgem. Què hem de fer l'última setmana? Aquesta és la pregunta que es fan tots els maratonians, que no volen espatllar en cinc o sis dies la feina que s'ha fet en cinc o sis mesos.

Tots els experts coincideixen que durant l'última setmana s'ha d'entrenar molt poc. La forma ja la tenim, i no millorarem ni cinc segons la marca final de la marató per entrenar més els últims dies. Al contrari.

Així doncs, cal limitar-se a rodar una mica per matar els nervis i fins i tot incorporar algun dia de descans absolut, sense calçar-nos les sabatilles. Seria convenient fer-se un bon massatge de cames a mitja setmana, dimecres o dijous, i, sobretot, intentar dormir bé i no caminar massa els tres últims dies. Evidentment, això xoca frontalment amb el que acostuma a passar quan la marató es corre fora de casa, i sobretot si és en una destinació turística, com sol ser habitual. Al cansament del viatge i al possible *jet lag* si la marató és en un lloc amb diferència horària, s'hi ha d'afegir el fet que els dos dies anteriors normalment es fa el turista i es camina constantment per veure la ciutat.

Això vol dir que, si es té una mica de sentit comú, l'objectiu en una marató d'aquest tipus mai no pot ser tan exigent com si correm a casa, o en un lloc on sapiguem que podrem plantar-nos a la sortida de la prova perfectament descansats.

Un altre aspecte que cal tenir en compte la setmana final és el de l'alimentació. Hem sentit per activa i per passiva que el maratonià ha de fer una gran càrrega d'hidrats, per tenir el glucogen suficient per afrontar la marató. Hi ha qui menja pasta tota la setmana i qui comença el dijous, i encara n'hi ha alguns que utilitzen el famós *mètode escandinau*, que es va popularitzar molt als anys 80, i que consisteix a fer una descàrrega prèvia abans de començar a menjar pasta fins que ens surti per les orelles. Això s'aconsegueix menjant proteïnes i greixos fins al dimecres, i entrenant encara amb certa exigència, per buidar del tot els dipòsits abans de començar-los a omplir el dijous. L'èxit d'aquest sistema s'ha posat molt en entredit, sobretot de cara al maratonià popular.

Jo recomanaria que no es canviessin massa els hàbits. Normalment el corredor ja menja prou bé, i els hidrats formen part de la seva dieta habitual. Particularment, sempre he menjat de tot i molt, i la setmana de la marató no faig res d'especial. Sí que incremento la pasta divendres i dissabte, però més per costum que per res més..., i sobretot si som una colla i podem fer gresca en algun restaurant italià, que, afortunadament, n'hi ha a tots els racons del món!

L'únic que sí que s'ha de procurar és no fer invents estranys durant els últims dies i no variar gens els costums. Si no, l'estómac ens podria passar factura.

El que també cal fer és beure força líquids a partir de divendres. El dissabte s'ha d'anar comprovant que l'orina sigui totalment transparent, senyal evident que estem ben hidratats.

El dia D

I, com qui no vol la cosa, arriba per fi el dia D, el dia de la marató, el dia en què tots els d'esforços de tantes setmanes s'han de ventilar en 42.195 metres.

Què cal fer aquest dia perquè tot surti bé? És la pregunta del milió i, evidentment, encara que hagi acabat 99 maratons, no tinc una resposta que pugui ser útil per a tothom. L'únic que puc fer és exposar aquí el que faig jo, però vull advertir que no tinc intenció d'*assentar càtedra* i que sóc molt conscient que en algunes coses, sobretot en el tema de l'esmorzar, el meu mètode s'allunya extraordinàriament del que fan la majoria dels maratonians.

Com en el cas dels entrenaments, no hi ha dos corredors iguals, i és evident que el que pot anar bé a un, no té per què anar bé a tothom.

L'ideal seria poder dormir almenys set hores, cosa molt difícil, i ja no diem si la marató comença molt d'hora al matí, fet força habitual, sobretot als Estats Units. Això provoca un problema amb l'esmorzar. Si es vol començar la marató amb la panxa buida, a vegades s'ha d'interrompre el son a hores intempestives per tenir temps de fer la digestió. Personalment, no he utilitzat mai aquest mètode. Prefereixo dormir el màxim temps possible i no esmorzar. De fet, és el meu hàbit diari. Fa molts anys que entreno al matí, en llevar-me, i esmorzo després de córrer. Per tant, sempre he considerat que no s'han de variar els costums que té el cos. Al cap i a la fi, una marató no deixa de ser com un entrenament... una mica més llarg, això sí.

Per tant, el que faig abans d'una marató és prendre un bon cafè quan salto del llit i preparar totes les coses abans d'anar a la sortida. El dorsal, el xip (una vegada me'l vaig oblidar a la caixa forta de l'habitació de l'hotel), la roba, la vaselina, la beguda amb sals minerals...

En el trajecte cap a la sortida vaig fent traguets per assegurar-me que començaré la marató ben hidratat, encara que això fa que hagis d'orinar sovint i fins i tot et pot provocar alguna aturada forçosa durant la marató, cosa que tothom vol evitar, sobretot si es busca una marca exigent.

La falta d'esmorzar la compenso amb la ingesta d'hidrats de carboni en forma de gel durant la marató. Des que s'han inventat aquests petits *packs*, la cosa és molt més fàcil que quan només hi havia la possibilitat de les barretes energètiques, molt més difícils d'ingerir en cursa. Sempre procuro quedar amb la Cristina en un parell o tres punts del recorregut. Poder-me aturar de tant en tant per tenir un avituallament personalitzat i xerrar un momentet de com van les coses és un gran avantatge, més enllà del temps que es perdi de cara a la marca final. En aquest sentit, reconec que la meva filosofia actual em permet fer-ho, però que els corredors que busquen una marca concreta, molt al límit de les seves possibilitats, no es poden permetre el luxe de regalar tants segons... Si no tinc la possibilitat que la Cristina em pugui donar l'avituallament en diversos punts del recorregut, utilizo la gorra i la butxaqueta dels pantalons per emmagatzemar-ne unes quantes.

Però tan important o més que la hidratació i l'alimentació és el tema del ritme. S'ha dit per activa i per passiva que s'ha d'arribar amb forces al final i que, per tant, s'ha de començar amb molta prudència. Hi ha una dita maratoniana que diu «sortida de cavall, arribada de burro», i una altra que assegura que «una marató és una cursa de 12 quilòmetres a partir del quilòmetre 30».

Malgrat tot, la immensa majoria dels maratonians, tant els d'elit com, sobretot, els populars, continuen sortint a un ritme massa exigent, i ho acaben pagant en la part final del recorregut. Normalment, la quantitat de maratonians que fan la segona part de la prova més ràpida que la primera no passa del 5 per cent... quan aquesta hauria de ser la norma bàsica del maratonià.

Per què passa, això? Jo diria que per dues raons. O perquè el corredor s'ha sobrevalorat i realment no estava en condicions de fer la marca que s'havia proposat, o perquè conscientment ha volgut anar una mica més ràpid al principi, preveient que hauria d'afluixar una mica al final. En aquest cas moltes vegades no acaba abaixant una mica el ritme sinó que fins i tot ha de fer algun quilòmetre caminant...

Sempre s'ha dit que el tram més complicat acostuma a ser entre el quilòmetre 30 i el 35, quan apareix el famós *mur*. Això, però, no sempre és així, ja que moltes vegades no es nota un sotrac de cop, sinó que es van acabant les forces progressivament.

Per tant, s'ha de tenir el cap molt fred en la primera meitat de la cursa, que és quan les forces estan intactes i el cos demana córrer a més velocitat. De la prudència que es tingui aquí en dependrà, en gran part, l'èxit de la marató. Si es fan les coses bé i no hi ha error en el ritme inicial, en els últims quilòmetres es pot tenir una sensació molt agradable, en veure que no es perd velocitat i que no apareix la sensació de *punxada* o de cansament extrem. A més, si es manté el ritme, i ja no dic si s'augmenta, s'avançaran tants corredors que això ens donarà una moral extra per al tram final de la prova.

A tall d'exemple puc dir que en la meva marató 99, a Florència, pràcticament vaig *doblar*, perquè vaig fer 1:52:18

en la primera mitja i 1:52:13 en la segona. El meu ritme va ser constant i, per tant, se suposa que hauria hagut de mantenir la posició que ocupava o guanyar algun lloc. Doncs bé, en la segona mitja vaig millorar 1.300 posicions, i això, en una marató amb 8.000 acabats, és moltíssim.

Un cop creuada la línia d'arribada, amb l'objectiu aconseguit o no, comença una nova fase, la de la recuperació. Seria convenient no aturar-se en sec, però això és pràcticament impossible per la infraestuctura de les arribades. Almenys es poden caminar uns quants metres, per recollir la medalla, la beguda, la bossa amb alguns aliments i, finalment, recuperar els objectes personals. Està totalment contraindicat fer-se un massatge en aquell moment. Cal esperar que la musculatura s'hagi recuperat de l'esforç. Abans era molt habitual veure una estesa de lliteres amb massatgistes al final de les maratons, però ara se sap que això fa més mal que bé.

Cal beure molts líquids, i els experts dirien que s'han de continuar menjant molts hidrats els dies següents, però, un cop acabada la marató, la majoria de corredors opten per tirar pel dret i menjar el que els vingui de gust. Una cervesa amb una salsitxa no fa cap mal..., i un bon filet encara menys. Ja hi haurà temps per tornar a menjar pasta!

CÓRRER TOTA LA VIDA

El pas dels anys dóna una visió molt diferent de totes les coses de la vida i, naturalment, córrer no n'és una excepció.

Si repasso la meva trajectòria des d'aquella llunyana marató de Nova York del 1983 fins ara, que estic a punt d'arribar a les 100 maratons i a les 500 curses, m'adono de com ha anat evolucionant la meva filosofia atlètica. Fins eal 1994, les marques van anar progressant, i la meva dedicació era gairebé com la d'un professional. Després van venir uns anys en què vaig haver d'assumir que ja havia arribat al sostre. M'entrenava com abans..., però les marques anaven empitjorant cada vegada. Aleshores, no saps com, però el *xip* es canvia. El rellotge no deixa de ser un company inseparable, però ja no n'ets un esclau. És una referència imparcial i objectiva que et diu a quin ritme estàs corrent..., però ja no t'enfonses ni t'enfades si veus que vas més lent del que et pensaves.

Aquest canvi de filosofia és absolutament necessari si es volen evitar frustracions i es pretén ser corredor tota la vida. No hi haurà la satisfacció de fer marca, però sí moltes altres.

Es poden buscar mil i un al·licients. En l'etapa de màxim rendiment no es pot abusar de les maratons. En la maduresa se'n poden fer tantes com es vulgui. I t'adones que és secundari trigar un quart d'hora més o menys. Al cap i a la fi, a l'arribada et penjaran al coll la mateixa medalla... Com diu la cançó, no és important arribar primer, però cal saber arribar!

Fent les coses amb seny, es pot córrer tota la vida. Les marques aniran empitjorant any rere any, però els altres al·licients t'ompliran tant o més. En el meu cas, he completat els set continents, estic a punt d'arribar a les 100 maratons, tinc a tocar la col·lecció de ciutats olímpiques, he corregut i penso córrer en paratges meravellosos... Tot això és més important que uns dígits que et diuen que has trigat més o menys a completar la distància.

La clau de la longevitat atlètica, doncs, està a regular els objectius i no forçar una màquina que cada vegada acumula més quilòmetres, com el cotxe vell que ja no està en condicions de pujar de revolucions com quan era nou.

És evident que, al marge de córrer més lentament, també s'han de variar els tipus d'entrenament. Com en altres aspectes que han sortit en aquest llibre, em limitaré a exposar el que faig actualment, sense pretendre donar lliçons de com han de fer les coses els corredors veterans. Cadascú ha d'actuar segons el seu criteri.

En el meu cas, els ritmes d'entrenament actuals són, en general, molt tranquils. La majoria de les sessions són rodatges entre 5:15 i 6:00 el quilòmetre. Només un dia a la setmana incorporo una sessió de qualitat (un *fartlek*, uns canvis de ritme o unes sèries), i el diumenge vaig a una cursa per poder gaudir de l'ambient i per fer un entrenament una mica més exigent i en bona companyia. Només en moments puntuals de la temporada *disputo* la cursa al màxim de les possibilitats, més o menys per saber *on sóc*, i per poder apuntar la marca de l'any en marató, en mitja i en 10 quilòmetres i anar comprovant com afecta les marques el pas del temps.

Ara ja no acostumo a passar dels 3.000 quilòmetres a l'any, que ha estat l'estàndard durant la majoria de les temporades de la meva carrera.

De moment, el cos em respecta i tinc la il·lusió de poder fer això tota la vida. D'al·licients no me'n faltaran. No és difícil buscar-ne. Només demano que la salut em permeti continuar sent un maratonià. Un corredor de fons. Això m'ha fet feliç durant un quart de segle i espero acumular encara molts quilòmetres de felicitat.

APÈNDIX

LES MEVES 99 PRIMERES MARATONS

Marató	*Lloc*	*Data*	*Edat*	*Marca*	*Ritme*	*Ordre marca*	*Olímpica*
1	**Nova York (1)**	**23/10/83**	24	**04:22:21**	6.13	90	
2	**Londres (1)**	**21/4/85**	25	**04:15:23**	6.03	88	**1**
3	**Barcelona (1)**	**15/3/87**	27	**03:26:26**	4.53	38	**2**
4	**Hèlsinki (1)**	**1/8/87**	27	**03:23:36**	4.49	34	**3**
5	**Nova York (2)**	**1/11/87**	28	**03:14:57**	4.37	25	
6	**C. Calvià (1)**	**13/12/87**	28	**03:01:56**	4.18	14	
7	**Barcelona (2)**	**13/3/88**	28	**03:03:44**	4.21	15	
8	**París (1)**	**15/5/88**	28	**05:08:23**	7.18	98	**4**
9	**C. Calvià (2)**	**11/12/88**	29	**02:58:29**	4.13	8	
10	**Barcelona (3)**	**19/3/89**	29	**02:56:29**	4.11	6	
11	**París (2)**	**30/4/89**	29	**03:01:41**	4.18	13	
12	**Nova York (3)**	**5/11/89**	30	**03:06:10**	4.25	16	
13	**Barcelona (4)**	**17/3/91**	31	**03:13:14**	4.35	22	
14	**Londres (2)**	**21/4/91**	31	**02:56:06**	4.10	4	
15	**València (1)**	**2/2/92**	32	**03:29:22**	4.58	46	
16	**Rotterdam (1)**	**5/4/92**	32	**02:56:25**	4.11	5	
17	**Auckland (1)**	**25/10/92**	33	**03:21:39**	4.46	33	
18	**València (2)**	**7/2/93**	33	**02:59:03**	4.14	9	
19	**Barcelona (5)**	**14/3/93**	33	**03:28:10**	4.56	42	
20	**Viena (1)**	**18/4/93**	33	**02:55:43**	4.09	3	
21	**Nova York (4)**	**14/11/93**	34	**03:19:12**	4.43	31	
22	**Sevilla (1)**	**27/2/94**	34	**02:53:06**	4.06	1	
23	**Barcelona (6)**	**13/3/94**	34	**03:06:25**	4.25	17	
24	**París (3)**	**24/4/94**	34	**02:57:24**	4.12	7	
25	**Lisboa (1)**	**27/11/94**	35	**02:53:59**	4.07	2	
26	**Barcelona (7)**	**19/3/95**	35	**03:24:00**	4.50	36	
27	**St. Petersburg (1)**	**24/6/95**	35	**03:15:38**	4.38	27	
28	**C. Calvià (3)**	**3/12/95**	36	**03:00:26**	4.16	10	
29	**Barcelona (8)**	**17/3/96**	36	**03:01:18**	4.17	11	
30	**Boston (1)**	**15/4/96**	36	**03:13:54**	4.36	23	
31	**Honolulu (1)**	**8/12/96**	37	**03:14:50**	4.37	24	
32	**Barcelona (9)**	**16/3/97**	37	**03:01:25**	4.17	12	
33	**Torí (1)**	**11/5/97**	37	**03:15:18**	4.37	26	

(continua a la pàgina següent)

(continuació)

Marató	*Lloc*	*Data*	*Edat*	*Marca*	*Ritme*	*Ordre marca*	*Olímpica*
34	**Médoc (1)**	**6/9/97**	37	**05:06:57**	7.16	97	
35	**Disney World (1)**	**11/1/98**	38	**03:10:01**	4.30	19	
36	**París (4)**	**5/4/98**	38	**03:10:26**	4.31	20	
37	**Bruges (1)**	**5/7/98**	38	**03:33:34**	5.04	51	
38	**Disney World (2)**	**10/1/99**	39	**03:16:50**	4.40	28	
39	**Vic (1)**	**25/4/99**	39	**03:29:17**	4.58	45	
40	**Viena (2)**	**30/5/99**	39	**03:57:02**	5.37	79	
41	**Atlanta (1)**	**25/11/99**	40	**03:11:27**	4.32	21	**5**
42	**Sevilla (2)**	**27/2/00**	40	**03:07:33**	4.27	18	
43	**Nova York (5)**	**5/11/00**	41	**03:21:03**	4.46	32	
44	**Barcelona (10)**	**18/3/01**	41	**03:18:06**	4.41	30	
45	**Praga (1)**	**20/5/01**	41	**03:28:08**	4.56	41	
46	**Dublín (1)**	**29/10/01**	42	**03:50:13**	5.27	64	
47	**Nova York (6)**	**4/11/01**	42	**04:22:34**	6.13	91	
48	**Barcelona (11)**	**24/3/02**	42	**03:16:55**	4.40	29	
49	**Annecy (1)**	**14/4/02**	42	**04:31:03**	6.25	92	
50	**Atenes (1)**	**3/11/02**	43	**03:54:33**	5.33	71	**6**
51	**Sàhara (1)**	**24/2/03**	43	**05:00:15**	7.07	96	
52	**Seül (1)**	**16/3/03**	43	**03:27:04**	4.55	39	**7**
53	**Turku (1)**	**29/6/03**	43	**03:26:09**	4.53	37	
54	**Niàgara (1)**	**26/10/03**	44	**03:46:17**	5.22	58	
55	**Nova York (7)**	**2/11/03**	44	**03:53:02**	5.31	66	
56	**Marràqueix (1)**	**18/1/04**	44	**03:31:33**	5.01	48	
57	**Roma (1)**	**28/3/04**	44	**03:23:55**	4.50	35	**8**
58	**Estocolm (1)**	**5/6/04**	44	**03:33:24**	5.03	50	**9**
59	**Detroit (1)**	**24/10/04**	45	**03:31:17**	5.00	47	
60	**Washington (1)**	**31/10/04**	45	**03:41:47**	5.15	55	
61	**Nova York (8)**	**7/11/04**	45	**03:39:59**	5.13	54	
62	**Antàrtida (1)**	**26/2/05**	45	**05:36:24**	7.58	99	
63	**Ushuaia (1)**	**6/3/05**	45	**03:55:10**	5.34	72	
64	**Ottawa (1)**	**29/5/05**	45	**03:27:24**	4.55	40	
65	**Berlín (1)**	**25/9/05**	45	**03:29:12**	4.57	44	**10**
66	**Filadèlfia (1)**	**20/11/05**	46	**03:42:53**	5.17	56	

(continua a la pàgina següent)

(continuació)

Marató	*Lloc*	*Data*	*Edat*	*Marca*	*Ritme*	*Ordre marca*	*Olímpica*
67	**Mont-Saint Michel (1)**	**17/6/06**	46	**04:05:39**	5.49	85	
68	**Mediterrani (1)**	**8/10/06**	47	**03:57:27**	5.38	80	
69	**Amsterdam (1)**	**15/10/06**	47	**03:56:39**	5.36	75	**11**
70	**Chicago (1)**	**22/10/06**	47	**03:55:10**	5.34	73	
71	**Washington (2)**	**29/10/06**	47	**03:53:17**	5.32	67	
72	**Nova York (9)**	**5/11/06**	47	**03:48:23**	5.25	61	
73	**València (3)**	**18/2/07**	47	**03:56:44**	5.37	76	
74	**Barcelona (12)**	**4/3/07**	47	**03:53:57**	5.33	68	
75	**Rotterdam (2)**	**15/4/07**	47	**04:12:11**	5.59	87	
76	**Anvers (1)**	**22/4/07**	47	**03:55:42**	5.35	74	**12**
77	**Perpinyà (1)**	**20/5/07**	47	**03:49:10**	5.26	63	
78	**Santa Claus (Rovaniemi) (1)**	**30/6/07**	47	**03:46:29**	5.22	59	
79	**Ciutat de Mèxic (1)**	**26/8/07**	47	**04:33:44**	6.29	94	**13**
80	**Mont-real (1)**	**9/9/07**	47	**04:17:50**	6.07	89	**14**
81	**Munic (1)**	**14/10/07**	48	**03:57:41**	5.38	81	**15**
82	**Mediterrani (2)**	**28/10/07**	48	**03:52:40**	5.31	65	
83	**Beaujolais Nouveau (1)**	**17/11/07**	48	**04:31:12**	6.26	93	
84	**St. Croix (Illes Verges) (1)**	**1/1/08**	48	**03:56:49**	5.37	78	
85	**Barcelona (13)**	**2/3/08**	48	**03:32:21**	5.02	49	
86	**Saint Louis (1)**	**6/4/08**	48	**03:49:07**	5.26	62	**16**
87	**Platja del Mar del Nord (1)**	**29/6/08**	48	**04:35:46**	6.32	95	
88	**Moscou (1)**	**14/9/08**	48	**03:54:06**	5.33	69	**17**
89	**Berlín (2)**	**28/9/08**	48	**04:08:36**	5.54	86	
90	**Llac Ness (Inverness) (1)**	**5/10/08**	49	**04:05:00**	5.48	84	
91	**Donòstia (1)**	**30/11/08**	49	**03:35:49**	5.07	52	
92	**Barcelona (14)**	**1/3/09**	49	**03:28:18**	4.56	43	
93	**París (5)**	**5/4/09**	49	**03:39:00**	5.11	53	
94	**Empúries (1)**	**3/5/09**	49	**03:47:22**	5.23	60	
95	**Estocolm (2)**	**30/5/09**	49	**04:03:57**	5.47	83	
96	**Sydney (1)**	**20/9/09**	49	**03:58:11**	5.39	82	**18**
97	**Melbourne (1)**	**11/10/09**	50	**03:54:15**	5.33	70	**19**
98	**Pequín (1)**	**18/10/09**	50	**03:56:44**	5.37	77	**20**
99	**Florència (1)**	**29/11/09**	50	**03:44:31**	5.19	57	

Maratons acabades	99
Primera marató	Nova York 1983 (24 anys)
Última marató	Florència 2009 (50 anys)
Màxim maratons temporada	11 (2006-2007)
Mínim maratons temporada	0 (1985-1986)
Màxim maratons per any natural	11 (2007)
Mínim maratons per any natural	0 (1984, 1986 i 1990)
Edat amb més maratons	47 anys (13)
Edat amb menys maratons	26 anys (0)
Marques	
Sub 2:55	2
Sub 3:00	9
Sub 3:15	25
Sub 3:30	46
Sub 4:00	82
Sub 5:00	95
Sub 6:00	99
Millor marca	2:53:06 (Sevilla 1994)
Pitjor marca	5:36:24 (Antàrtida 2005)
Marca mitjana	03:39:12
Posició mitjana (sobre 100 corredors)	34
Continents	
Europa	65
Amèrica del Nord, Carib i Pacífic Nord	25
Oceania	3
Àfrica	2
Àsia	2
Amèrica del Sud	1
Antàrtida	1
Maratons diferents	61
Maratons repetides	
Barcelona	14
Nova York	9
París	5
Costa Calvià	3
València	3
Londres	2
Disney World	2
Viena	2

(continua a la pàgina següent)

(continuació)

Sevilla	2
Washington	2
Rotterdam	2
Mediterrani	2
Berlín	2
Estocolm	2
Dies de les maratons	
Dilluns	3
Dimarts	1
Dimecres	0
Dijous	1
Divendres	0
Dissabte	9
Diumenge	85
Mesos de les maratons	
Gener	4
Febrer	7
Març	17
Abril	14
Maig	8
Juny	6
Juliol	1
Agost	2
Setembre	6
Octubre	15
Novembre	15
Desembre	4
Curiositats	
Marató més multitudinària	Nova York 2006 (37.840 acabats)
Marató menys multitudinària	St. Croix (Illes Verges) 2008 (14 acabats)
Millor posició absoluta	St. Croix (Illes Verges) 2008 (Lloc 9)
Pitjor posició absoluta	Londres 1985 (Lloc 12.724)
Millor posició relativa	Honolulu 1996 (451 de 24.335) (1,85%)
Pitjor posició relativa	Annecy 2002 (595 de 621) (95,81%)
Marató més al nord	Santa Claus (Rovaniemi, Finlàndia), 66º32' N
Marató més al sud	Antàrtida (King George Island), 62º 23' S
Marató més a l'est	Auckland (Nova Zelanda), 174º 47' E
Marató més a l'oest	Honolulu (Hawaii), 157º 49' W
Marató més alta	Ciutat de Mèxic, 2.235 metres
Menys dies entre maratons	6 (Dublín i Nova York 2001)
Més dies entre maratons	693 (Londres 1985 i Barcelona 1987)
Mitjana de dies entre maratons	97
Màxim maratons setmanals consecutives	5 (Medit., Ams., Chicago, Washington i NYC 2006)

Les maratons olímpiques

	Ciutat	*Anys olímpica*	*Anys que l'he feta jo*
1	Atenes	1896, 2004	2002
2	París	1900, 1924	1988, 1989, 1994, 1998, 2009
3	St. Louis	1904	2008
4	Londres	1908, 1948, 2012	1985,1991
5	Estocolm	1912	2004, 2009
6	Anvers	1920	2007
7	Amsterdam	1928	2006
8	Los Angeles	1932, 1984	
9	Berlín	1936	2005, 2008
10	Hèlsinki	1952	1987
11	Melbourne	1956	2009
12	Roma	1960	2004
13	Tòquio	1964	
14	Mèxic DF	1968	2007
15	Munic	1972	2007
16	Mont-real	1976	2007
17	Moscou	1980	2008
18	Seül	1988	2003
19	Barcelona	1992	87, 88, 89, 91, 93, 94, 95, 96, 97, 01, 02, 07, 08, 09
20	Atlanta	1996	1999
21	Sydney	2000	2009
22	Pequín	2008	2009
23	Rio de Janeiro	2016	

Millors marques de cada temporada

Temporada	*Edat*	*Marató*	*1/2 marató*	*10 km*	*6 hores*	*100 km*
1983-1984	24	04.22.21				
1984-1985	25	04.15.23				
1985-1986	26		01.59.59			
1986-1987	27	03.23.36	01.38.33			
1987-1988	28	03.01.56	01.23.23	38:22		
1988-1989	29	02.56.29	01.22.36		59.614	
1989-1990	30	03.06.06	01.22.20	40:15	64.150	
1990-1991	31	02.56.06	01.22.00	39:15		
1991-1992	32	02.56.25	01.23.57	38:18		10.20.24
1992-1993	33	02.55.43	01.22.07	37:19		
1993-1994	34	02.53.06	01.22.49	38:12		
1994-1995	35	02.53.59	01.20.50	38:15		
1995-1996	36	03.00.26	01.25.20	40:20		
1996-1997	37	03.01.25	01.22.48	37:57		
1997-1998	38	03.10.01	01.25.47	40:19		
1998-1999	39	03.18.21	01.30.40	39:20		
1999-2000	40	03.07.53	01.29.07	39:54		
2000-2001	41	03.18.06	01.24.57	39:50		
2001-2002	42	03.16.55	01.29.30	39:50		
2002-2003	43	03.26.25	01.34.50	40:35		
2003-2004	44	03.23.55	01.29.13	40:19		
2004-2005	45	03.27.24	01.29.07	40:52		
2005-2006	46	03.29.12	01.31.51	42:16		
2006-2007	47	03.46.29	01.39.06	43:49		
2007-2008	48	03.32.21	01.35.06	42:49		
2008-2009	49	03.28.18	01.33.42	42:15		
2009-2010	50	03.44.31	01.39.06	45:00	54.205	

Nota: Les marques de la temporada 2009-2010 són fins al 31 de desembre del 2009.

Camí de les 500 curses
(Dades fins al desembre del 2009)

Curses acabades	
Maratons	99
Mitges maratons	96
10 km	98
100 km	1
Altres curses ultramaratonianes	5
Altres distàncies inferiors a la marató	149
Total curses acabades	448
Curses més repetides	
Cros de l'Ametlla de Merola	14
Marató de Barcelona	14
Barri de Sant Antoni (Barcelona)	13
Cursa de Canovelles	12
Mitja Marató de Granollers	11
Mitja Marató de Sitges	10
Cursa de l'Amistat (Barcelona)	10
Marató de Nova York	9
Cursa d'El Corte Inglés (Barcelona)	9
Mitja Marató de Barcelona	7
Cursa del Riu Ripoll (Sabadell)	7
Mitja Marató o 20 km de Ripoll	6
Mitja Marató Gavà-Castelldefels	6
Mitja Marató de Vilanova	6
Cursa Científica Hospital de Sant Pau	6
Jean Bouin	6
Cursa de la Mercè	6